P9-DMO-308

EN EL CLÓSET

NOFICCIÓN | **CRÓNICA**

GUADALUPE LOAEZA

EN EL CLÓSET

EDICIONES B
MÉXICO

MÉXICO · BARCELONA · BOGOTÁ· BUENOS AIRES · CARACAS
MADRID · MONTEVIDEO · QUITO · SANTIAGO DE CHILE

En el clóset

Primera edición, marzo de 2011

D. R. © 2011, Guadalupe Loaeza
D. R. © 2011, Marina Castañeda, por el prólogo
D. R. © 2011, Jorge Daniel Pérez Coronel, por las ilustraciones
D. R. © 2011, Ediciones B México, S. A. de C. V.
    Bradley 52, Anzures DF-11590, MÉXICO
    www.edicionesb.com.mx
    editorial@edicionesb.com

ISBN 978-607-480-141-5

Impreso en México | *Printed in Mexico*

Índice

PALABRAS COMO BALAS

UNA MÚSICA MÁS ÍNTIMA

LAS PUERTAS ABIERTAS

Para Carlos Monsiváis

Prólogo

Desde los albores del movimiento de liberación gay, una de sus vertientes ha sido «sacar del clóset» a los grandes homosexuales de la historia, desde la antigüedad hasta el presente. Los motivos de ello han sido diversos. En primer lugar, se ha tratado de mostrar que la homosexualidad siempre ha existido, en todas las épocas y todos los países, y que por tanto no podemos considerarla como un fenómeno propio de la fase decadente de las civilizaciones (como consideraron algunos historiadores de los siglos xix y xx), ni como una desviación propia del capitalismo burgués (como lo pretendieron diversos pensadores marxista-leninistas), ni como una patología limitada a algunos individuos con serios problemas psicológicos (como lo sostuvieron muchos seguidores de Freud), ni como una moda surgida en la sociedad actual debido a la pérdida de los valores tradicionales (como suelen decir, todavía hoy, algunos voceros de los sectores más conservadores de nuestro país). Por tanto, ya no podemos pensar que la homosexualidad sea una anomalía excepcional, limitada a algunos grupos o individuos en determinados momentos o lugares. No: las listas de homosexuales a lo largo de la historia nos muestran que se trata de un fenómeno universal, que sencillamente no se conocía o cuya existencia era pasada por alto cuando admirábamos, por ejemplo, a un Miguel Ángel o a un Marcel Proust.

En segundo lugar, el listado de homosexuales eminentes ha servido para contrarrestar la idea, muy generalizada en los siglos XIX y XX, de que tal orientación era esencialmente patológica y que los individuos que la padecían eran inherentemente inmaduros, inestables, incapaces de formar vínculos y, por tanto, condenados al fracaso en todas las áreas de la vida. La existencia de tantos homosexuales geniales demuestra contundentemente que tales personas pueden llegar hasta la cima del pensamiento y la creación, con toda la madurez, constancia, disciplina y capacidad de relación e interlocución que ello implica. Aunque la mayoría de sus discípulos lo hayan olvidado, cabe recordar que el mismo Freud jamás pensó que la homosexualidad fuera una patología, y en varias ocasiones abogó por su despenalización. Como escribió en 1935, «Nuestra libido oscila normalmente toda la vida entre el objeto masculino y el femenino… El psicoanálisis se alza sobre el mismo terreno que la biología al aceptar como premisa una bisexualidad original del individuo humano (o animal).»[1]

El que la homosexualidad no sea una patología ha sido ampliamente confirmado, por una parte, por un sinnúmero de investigaciones psicológicas desde los años cincuenta del siglo pasado, y por la OMS y las principales asociaciones profesionales de psicología, psiquiatría y medicina a partir de los años setenta. Por otra parte, difícilmente se puede seguir hablando de una enfermedad, cuando existen tantos ejemplos de personas

---

1 Sigmund Freud, «Sobre la psicogénesis de un caso de homosexualidad femenina» (1920), en *Obras completas, III*, pp. 2552 y 2561.

gays no sólo talentosas sino a todas luces felices y exitosas, así como parejas gays largas, estables y comprometidas, como lo revelan las estadísticas surgidas en años recientes como consecuencia de la legalización de la unión civil o el matrimonio gay. Asimismo, la creciente aceptación de la homosexualidad por parte de la sociedad en su conjunto, en muchos países occidentales, se puede observar no sólo en las encuestas, sino en el hecho de que cada vez más personajes públicos del espectáculo, las letras, las artes, el deporte y la política puedan vivir abiertamente su orientación, sin mayor problema.

En tercer lugar, la salida del clóset (por voluntad propia o ajena) ha jugado un papel importante en la inserción social, y por ende en la creciente aceptación, de la homosexualidad en todos los países industrializados de occidente. No olvidemos que la clandestinidad, con todas sus implicaciones, contribuyó durante mucho tiempo a perpetuar el desconocimiento y la homofobia: hace sólo treinta años, la inmensa mayoría de los heterosexuales podía decir, honestamente, que no conocía a nadie que fuera gay. El campo quedaba así abierto para los prejuicios y estereotipos más escabrosos y extravagantes, basados en la ignorancia, el morbo y la nota roja, y asiduamente cultivados por la Iglesia y la derecha en su conjunto, los medios masivos, y el *establishment* médico y psicoanalítico.

Hoy día, en los países industrializados de occidente (incluyendo México), la mayoría de la gente reporta conocer a una o a varias personas gays, lo cual ha contribuido, en una correlación directa, a una mayor aceptación de la homosexualidad. Así se ha articulado lo que he llamado «el círculo virtuoso de la visibilidad»: a medida que los gays salen del clóset, se vuelven más presentes y visibles en la sociedad, lo cual lleva a más aceptación porque los heterosexuales de pronto tienen amigos, colegas y familiares gays, lo cual hace que más gente salga del clóset, y así sucesivamente. Las listas de grandes homosexuales de la historia también han contribuido a esta mayor visibilidad, y por ende a un mayor conocimiento y aceptación. Libros como el de Guadalupe Loaeza son, por tanto, sumamente útiles: al presentarnos a individuos gays de carne y hueso, en lugar de teorías o abstracciones, ayudan a transformar la imagen social de la homosexualidad.

Pero este proceso sólo lleva algunos años; y es importante recordar cómo eran las cosas hasta hace muy poco, y esto aun en los países hoy más liberales —sin hablar de los menos. El texto de Guadalupe Loaeza nos muestra cómo, especialmente durante los siglos XIX y XX, los homosexuales tuvieron que luchar contra el prejuicio social y el propio: o sea la homofobia, tanto externa como internalizada. Algunos de ellos reprimieron o rechazaron su orientación y vivieron como heterosexuales, sin permitirse expresar su sexualidad y afectividad reales; otros llevaron una vida doble, llena de culpa, vergüenza, y el temor a ser descubiertos; y otros más vivieron su homosexualidad abiertamente y fueron, en muchos casos, duramente penalizados por ello. En este sentido, las listas de homosexuales famosos de la historia han servido, en cuarto lugar, para poner en evidencia los terribles costos de la homofobia.

Los textos de Guadalupe Loaeza aquí reunidos cumplen admirablemente con estas cuatro funciones. Con lujo de información biográfica y anécdotas siempre ilustrativas, dan cuenta de la gran variedad de homosexuales de talento o de genio que han contribuido a la cultura universal. Pero también nos hacen ver, con sensibilidad y empatía, la adversidad que tuvieron que enfrentar muchos de ellos a causa de la homofobia, propia y ajena. Loaeza subraya, en muchos de los personajes que nos describe, el gran valor que tuvieron para asumir su orientación y vivirla plenamente, a pesar de la incomprensión y hostilidad de su entorno. Más aún: nos recuerda que buen número de ellos sostuvo largas relaciones de pareja, a veces de toda la vida, en el secreto.

Es un acierto importante de Guadalupe Loaeza su permanente énfasis en el amor. La sensibilidad de la autora la lleva a otorgarle a este sentimiento el lugar central que merece en todo acercamiento a la homosexualidad: más que chismes de sábanas, nos presenta historias de amor —a veces felices, a veces imposibles, a veces fallidas, tal y como sucede en la vida de cualquier persona, independientemente de su orientación sexual. El texto abarca tanto las sombras como las luces de las vidas que describe, sin caer en una visión idealizada, pero tampoco trágica, de la homosexualidad.

Este enfoque equilibrado forma parte de la «normalización» de la homosexualidad que observamos hoy día en casi todos los países occidentales, y gracias a la cual estamos alcanzando paulatinamente el ideal formulado por uno de los pioneros franceses del movimiento de liberación gay: Jean-Louis Bory, quien, al hablar de su propia homosexualidad «sin vergüenza ni proselitismo», abogó en los años setenta por «el derecho a la indiferencia». Con esto quiso decir que la meta final sería lograr que la orientación sexual dejara de ser la característica principal de la gente gay en ojos de los demás, y que la homosexualidad se volviera tan solo un atributo entre otros, como tener los ojos verdes o medir 1,80 metros en lugar de 1,70. En algunos lugares, esto ya está sucediendo: en los últimos años, los habitantes de París, Berlín e Islandia, por ejemplo, eligieron a sus respectivos gobernantes sin que fuera un impedimento su abierta y pública homosexualidad.

El libro de Guadalupe Loaeza nos remite, ante todo, a una época pasada, al recordarnos cómo eran las cosas hasta hace poco en países como Estados Unidos, Francia, España, y el Reino Unido —países, sobre todo los últimos, que en años recientes han legalizado el matrimonio gay bajo una fórmula u otra, y en los cuales la homosexualidad es hoy ampliamente aceptada por la sociedad en su conjunto, según muchísimas encuestas.

Pero la autora —y es otro acierto de su libro, que causará gran interés en nuestro país— también nos presenta una quincena de personajes gays en México y América Latina, desde Gabriela Mistral y Salvador Novo hasta Carlos Monsiváis y Juan Soriano. Estos dos últimos son de especial interés, porque nos muestran cómo se puede vivir abiertamente la homosexualidad en el México actual (ambos murieron recientemente), alcanzando no sólo el éxito sino una plena inserción social y el reconocimiento tanto de instancias gubernamentales como de los medios y el público en general.

Sin embargo, fueron excepcionales dentro de sus respectivas generaciones (Soriano nació en 1921, Monsiváis en 1938); si les hubiera tocado crecer en las últimas dos décadas, no lo serían tanto. Cabe observar que, de las personalidades célebres que evoca la autora, sólo dos nacieron después de 1950: Jodie Foster (n. 1962), y Ricky Martin (n. 1972). A todos los demás les tocó nacer y crecer en el siglo XIX o durante la primera mitad del siglo XX —o sea, en lo que podríamos llamar la era pre-moderna de la homosexualidad, caracterizada por el secreto, la culpa, la vergüenza, el aislamiento, el temor a ser descubierto, y la homofobia interna y externa.

Todo ello ha cambiado radicalmente en los últimos veinte años, aunque evidentemente más en algunos lugares que otros. No obstante, se observa en casi todo el mundo occidental una brecha generacional —podríamos casi decir, una ruptura— de suma importancia en la historia de la homosexualidad: a grandes rasgos, tanto los hetero como los homosexuales nacidos después de los años setenta —o sea, que crecieron durante o después del movimiento de liberación gay y que, por tanto, asimilaron una visión muy diferente de la homosexualidad—han pensado y vivido esta orientación de una manera muy diferente a la de sus padres. Así lo muestra un sinnúmero de encuestas en todos los países industrializados de occidente, incluyendo a México: las personas que hoy tienen menos de 40 años, y sobre todo menos de 25, reportan una aceptación de la homosexualidad, tanto propia como ajena, mucho mayor a la de generaciones anteriores; y muchísimos jóvenes gays de hoy viven y declaran su orientación con una claridad y apertura inconcebibles hace sólo veinte años.[2]

Esta transición histórica se vislumbra, pero sólo en algunos casos, en el libro de Guadalupe Loaeza: muy pocos de sus personajes vivieron abiertamente su homosexualidad, como lo han hecho sus únicos ejemplos relativamente jóvenes, Jodie Foster y Ricky Martin, y como hacen, hoy, incontables jóvenes gays en todas las áreas de la vida. No obstante, podemos detectar el cambio descrito arriba indirectamente, en el tono narrativo de este libro: en la empatía y admiración expresadas por la autora. También lo vemos en el hecho de que el texto sea publicado por una de las principales casas editoriales de México —cosa que probablemente no hubiera sucedido hace sólo unos años. Por supuesto, falta mucho; cabe recordar, por ejemplo, que una de las principales cadenas de librerías de nuestro país sigue «omitiendo» poner a la venta libros sobre este tema.

Hay otra característica común en casi todos los personajes evocados por Guadalupe Loaeza, que nos plantea una pregunta interesante. El lector notará que todos ellos, con sólo cuatro excepciones, pertenecen o pertenecieron al mundo de las artes, las letras o el espectáculo. Aclaremos que esto no corresponde meramente a una selección sesgada por los gustos personales de la autora: se podría decir lo mismo de todas las listas de homosexuales famosos en la historia. ¿Por qué será? ¿Por qué ha habido tantos artistas y escritores homosexuales y, en cambio, tan pocos científicos, banqueros o políticos?

Podríamos pensar que la vida de los artistas y escritores sencillamente ha sido más estudiada. Pero éste no es el caso en la actualidad, si es que alguna vez lo fue. Hoy, los medios masivos nos describen diariamente, y con lujo de detalle, la vida íntima de gobernantes, financieros y empresarios… y aun así

---

2 Ver Ritch C. Savin-Williams, *The New Gay Teenager* (Cambridge, Massachusetts: Harvard University Press, 2005).

resulta que muy pocos de ellos son homosexuales. Asimismo, podríamos argumentar que los costos de ser gay son más elevados para los miembros de la élite del dinero y del poder, y que por ello les es más necesario permanecer en el clóset. Pero, de nuevo, hoy día (por lo menos en algunos países) no es el caso, si es que lo fue en el pasado... La pregunta, entonces, se plantea de esta manera: ¿habrá algún vínculo particular entre la homosexualidad y la creatividad artística?

Existen al respecto diversas opiniones, que van desde una supuesta sensibilidad «femenina» y por tanto «artística» en los varones homosexuales (concepción eminentemente machista, y que habría que demostrar —después de todo, la inmensa mayoría de los grandes hombres creadores ha sido heterosexual), hasta teorías psicoanalíticas que "descubren" en los homosexuales un complejo de Edipo no resuelto, o un vínculo enfermizo con la madre o el padre, o una estructura o dinámica particular en la familia de origen, o alguna experiencia infantil significativa o traumática... que también serían propios de los grandes creadores. Sin embargo, esta visión de la homosexualidad ha sido ampliamente desacreditada por la investigación actual, como he sostenido en mis publicaciones anteriores sobre este tema. Por ello, la explicación que me parece más convincente es la de la marginación.

¿Qué significa esto? En términos muy generales, la gente que vive en los márgenes de la sociedad, por una razón u otra, suele ser menos conformista y desarrollar una actitud más crítica frente a las convenciones de su época, lo cual puede llevarla a cuestionar los valores aceptados, a erigirse en contra de las «buenas costumbres», a asumir una postura contestataria y, eventualmente, una visión distinta del mundo, que les permite generar ideas y creaciones originales.

Sin embargo, podría argumentarse que también existen muchísimas minorías discriminadas, marginadas, estigmatizadas... que no han resultado ser especialmente creativas. La clave del enigma, me parece, es ésta: los homosexuales constituyen una minoría distinta de todas las demás. No pertenecen sólo a una clase o una religión, a una etnia, nacionalidad o región determinada... sino que se encuentran en todas ellas, sin distinción. Constituyen una minoría, pero no son del todo excluidos, como lo han sido, históricamente, muchas otras minorías étnicas, nacionales o religiosas; incluso, muchos de ellos pertenecen a los estratos sociales, económicos, intelectuales y políticos más prominentes de su país.

No: los gays siempre han vivido a la vez dentro y fuera de la norma, dentro y fuera de las convenciones sociales y la cultura de su época, oscilando siempre entre el deseo (o la necesidad) de integrarse a su entorno familiar y social, y la consciencia de ser diferentes. Y es esta tensión permanente, esta exploración continua de la identidad y la pertenencia, la que ha dado lugar, según algunos autores, a una sensibilidad, un sentido del humor, una visión estética, una sub-cultura y una creatividad muy particulares.

Es por ello que muchos activistas y teóricos gays lamentan, hoy día, algunos aspectos de la paulatina «normalización» de la homosexualidad, y la dirección que ha tomado la lucha por los derechos gays en las últimas dos décadas, que ha hecho suyas las aspiraciones de la sociedad heterosexual más conformista: matrimonio e hijos, guarderías y beneficios fiscales, el bienestar material por encima del cuestionamiento ideológico y la postura contestataria que caracterizaron al movimiento de liberación gay en su fase temprana... Temen que, en el proceso de integración a la sociedad mayoritaria, pueda perderse la especificidad de la vivencia gay, la riqueza de la diferencia, e incluso la libertad que puede significar la identidad gay.

La gente gay se ubica, hoy, en esta encrucijada. No podemos prever hacia dónde evolucionará la homosexualidad, si podrá mantener una identidad propia o bien fundirse, paulatinamente, en la cultura de la sociedad heterosexual, conformista y consumista. Lo único que podemos decir con certeza es que los homosexuales siempre serán una muy pequeña minoría, aun en los países más liberales. Es posible que encuentren por tanto un equilibrio, como lo han logrado algunas otras minorías de la era actual, entre una sensibilidad y cultura propias y una inserción social que debe incluir, por supuesto, una completa igualdad en los derechos civiles.

En todo caso, y pase lo que pase, siempre será importante recordar, rescatar y honrar la historia de la experiencia homosexual: tanto la de los que sufrieron como una terrible desgracia su orientación y pudieron alcanzar grandes logros a pesar de ella, como la de los gays que, desde hace poco, han tenido o tienen vidas plenas y felices gracias a ella. Los textos aquí reunidos de Guadalupe Loaeza nos ayudan a recuperar, con empatía y admiración, las vidas ricas y complejas y las inmensas contribuciones de esta minoría tan pequeña a la cultura universal, que nos pertenece a todos.

Ciudad de México, febrero de 2011
Marina Castañeda

A MANERA DE
INTRODUCCIÓN

El verdadero mal

HACE UNOS MESES, cuando se debatió el tema de los matrimonios entre personas del mismo sexo, todos aquellos que se oponían a este derecho civil, alegaban que si las parejas homosexuales adoptaban un hijo, éste corría el «peligro» de ser también homosexual. Evidentemente, se trataba de un argumento muy tramposo, ya que por el contrario, la gran mayoría de los homosexuales no se han criado en una familia homosexual ni sus padres los han educado como homosexuales. Pero sí puede decirse que los hijos heterosexuales por lo regular aprenden de sus padres sus normas sociales, su manera de comportarse en sociedad y, sobre todo, aprenden a vivir en una sociedad hecha a la medida de sus gustos. No ocurre así con la gente gay; ellos no aprendieron en sus respectivas familias cómo comportarse, cómo enamorarse ni llevar su vida. Los gays no heredaron su identidad, tuvieron que construirla.

De esto trata el libro *Gay, la identidad homosexual de Platón a Marlene Dietrich*, de Paolo Zanotti, publicado recientemente por el FCE. Gracias a él nos enteramos de la forma en que los homosexuales han sido vistos por su sociedad. Curiosamente, dice Zanotti, el mundo ha contemplado a los gays como seres misteriosos; el mundo heterosexual los ha visto «con curiosidad morbosa». Sí, era algo de lo que no podía hablarse, pero al mismo tiempo era un asunto muy atractivo.

En muchos países no se hablaba del tema, por lo cual las leyes no podían castigar la «sodomía» (como le ocurrió a Oscar Wilde). Pero ese silencio en realidad no significaba que pudiera ser una forma de vida legal. Por el contrario, en Italia no había un código que prohibiera la homosexualidad, la cual no obstante era perseguida por la justicia. El gobierno prefería el silencio, porque pensaba que era una manera de erradicar ese mal: mejor no hablar de ese «vicio», de esa «enfermedad». Esta era su manera de controlar a los gays. Sin embargo, no todos tenían el mismo trato. Quienes sí eran llevados a la cárcel, a manicomios o a asilos, eran los homosexuales «evidentes», es decir, los travestis y aquellos que ejercían la prostitución. En cambio, quienes se casaban y tenían hijos, los que de algún modo «disimulaban» sus preferencias, eran respetados. Existe otro estrato que generalmente ha sido respetado: los gays que viven en un mundo burgués y que forman una especie de sociedad selecta y que no se exhibe demasiado. No está de más que recordemos al yerno de Porfirio Díaz, Nacho de la Torre, quien fuera uno de los famosos 41, a los que se aprehendió en 1901, a la mitad de un baile. El crimen de estos jóvenes fue hacerse demasiado notorios.

Durante mucho tiempo, en el mundo socialista tampoco le fue muy bien a la comunidad homosexual. Aunque el autor de este interesantísimo libro dice que, al principio de la Revolución Soviética, los bolcheviques impulsaron reformas en la igualdad entre el hombre y la mujer, en los derechos conyugales y en la práctica de la homosexualidad. Curiosamente, Vladimir Nabokov escribió acerca de los derechos de los homosexuales, aunque en su vida diaria fue bastante homofóbico: nunca pudo aceptar la preferencia de su hermano Sergei (no era su hijo, como afirma Zanotti). Cuando defendió los derechos de los homosexuales lo hizo pensando en términos legales, pero a las personas de su confianza les decía: «La homosexualidad es repugnante para las personas normales».

Hay muchas preguntas que se abordan en este libro, por ejemplo, ¿por qué los homosexuales copian su modo de vida de las parejas heterosexuales?, ¿es cierto que los homosexuales están condenados a fracasar socialmente? o, por el contrario, ¿nuestra sociedad tiende a ser más comprensiva e incluyente? El sueño del autor es que con el tiempo, ser o no gay sea tan intrascendente como tener el pelo rubio o negro. Así, adoptar una identidad sexual ya no sería un asunto traumático para la gran mayoría de los homosexuales.

Queremos recomendar la lectura de este libro, ya que no sólo es una enciclopedia de la identidad sexual en la historia. Sus páginas son también un llamado a la tolerancia y al conocimiento de los otros. En ellas se habla de la homosexualidad en Grecia, Roma e Italia, se habla de Oscar Wilde, de las vidas que han tenido que transcurrir guardadas en el clóset, de la forma de pensar de las escritoras lesbianas, del erotismo gay de los vampiros, así como la historia del turismo sexual. Sin duda, todavía vivimos en medio de muchos prejuicios: muchas personas siguen pensando que la homosexualidad es una enfermedad social que se cura no hablando de este tema. Pero como hace ver Paolo Zanetti, el verdadero mal son los prejuicios.

Del silencio al habla

EL PASADO 31 DE DICIEMBRE DEL 2009, a las 11:30 de la mañana, se reunió en la avenida Robert Schuman número 14, en París, un grupo de ciudadanos de varios países, frente a las puertas de la embajada de Senegal en apoyo a los dos homosexuales de Malawi, acusados de atentado «contra el pudor» al haber organizado la primera boda gay simbólica en ese país. Durante la detención de esa pareja varios ciudadanos se acercaron a ellos para manifestarles su apoyo: «*Woyera! woyera!*» (¡Vivan los novios!), gritaban en tanto les lanzaban flores. Tiwonge Chimbalanga los saludaba con la mano, mientras que Steven Monjeza se veía visiblemente abatido. En ese país africano, la sodomía se castiga con 14 años de prisión. Ahí mismo, el 24 de diciembre pasado, encarcelaron a 24 gays acusados de «actividades homosexuales» en una estación balnearia del sur de Dakar. El 95% de la población senegalesa es musulmana, de allí que la homosexualidad esté prohibida y reducida a la clandestinidad.

Pero vayamos al principio. Intentemos viajar con nuestra imaginación a la madrugada del 28 de junio de 1969, al Stonewall Inn. Nos encontramos en un bar gay neoyorquino que entonces estaba en el Greenwich Village. En esa época, era habitual que la policía realizara redadas en los bares gays con el pretexto de que no tenían permiso para vender bebidas alcohólicas. La policía maltrataba y arrestaba a los clientes, pero lo peor consistía en que sus nombres aparecían publicados en los diarios, con lo que la vida personal y social de muchos de ellos se arruinaba para siempre.

La noche a que nos referimos, varios agentes de la policía llegaron al Stonewall con una orden de registro y comenzaron a interrogar a los clientes antes de hacerlos salir a la calle. La orden era detener a los hombres vestidos de mujer, por lo que formaron a los clientes para revisarlos uno por uno. Según el historiador David Carter en su libro *Stonewall, los disturbios que causaron la revolución gay* (2004), llevaron a los travestis a un cuarto trasero, ya que muchos de ellos no querían mostrar su identificación. María Ritter, uno de ellos, le confesó al historiador: «Estaba aterrada. ¡No quería que mi fotografía saliera en el periódico vestida con la ropa de mi madre!»

Cuando los policías sacaron a los clientes para subirlos a los camiones, ya había una multitud rodeando el bar. Era la primera vez, en este tipo de redadas, que los clientes no huían, sino que se habían quedado afuera, haciendo burla a los policías con la aprobación de la gente. Algunos de los homosexuales hasta comenzaron a imitar a los policías haciendo movimientos militares sumamente exagerados mientras la gente aplaudía divertida. Una lesbiana que estaba esposada y era llevada a un camión, le gritó a la multitud: «¿Por qué no hacen nada?» Fue entonces que la gente comenzó a aventar piedras, botellas y basura contra los agentes, los cuales se tuvieron que refugiar en el interior del Stonewall hasta que varios refuerzos llegaron por ellos. Esa madrugada de sábado, se escuchó por primera vez un grito que decía: «¡Poder gay!»

Por esta causa se considera que el movimiento gay inició esa noche en que los homosexuales no se dejaron humillar, no permitieron que los arrestaran por manifestar sus preferencias sexuales, ni mucho menos se consideraron culpables de ningún delito. Al día siguiente aparecieron pintas en las calles de Nueva York que decían: «Viva el poder gay», y según el escritor Paul Russell, en su libro *100 gays* (Editorial Juventud, 1997), la noche siguiente más de 2 mil homosexuales se enfrentaron a 400 policías antidisturbios. ¿Cuántos de ellos se imaginaban que estaban iniciando un movimiento de repercusiones enormes? ¿Sabían que años después podrían incluso contraer matrimonio? ¿Tenían conciencia de cómo vivían los homosexuales en otros países? ¿Podían saber que gracias a la valentía que demostraron a lo largo de esa noche, se iban a convertir en los iniciadores del movimiento gay?

Nos imaginamos que muchos de los que presenciaron esa noche, ahora se sienten orgullosos de los movimientos que hay a nivel mundial actualmente. No obstante aún existen en el mundo ocho países que castigan la homosexualidad con la pena de muerte (Afganistán, Arabia Saudí, Emiratos Árabes Unidos, Irán, Mauritania, Nigeria, Sudán y Yemen); en muchos otros, los derechos civiles de los homosexuales comienzan a respetarse. Por nuestra parte, nos alegramos de que el Distrito Federal sea la primera entidad de América Latina en la que será posible el matrimonio entre personas del mismo sexo, y que la ley les permita adoptar hijos. Como dice la consejera jurídica del Gobierno del DF, Leticia Bonifaz: «Una vez que entren en vigor las reformas, ningún juez podrá negarse a casar a una pareja del mismo sexo, bajo pena de ser sancionado».

En estas páginas haremos un recorrido por las vidas de los homosexuales más influyentes en la cultura y la historia. Hay que decir que se trata de un reconocimiento a su inteligencia, a su influencia en la sociedad y en la cultura, pero sobre todo a su valor; no hay que olvidar que muchos de ellos son personajes que a pesar de las épocas de represión en que han vivido, pudieron llevar una vida abierta y fuera del clóset. Acerca de esta expresión hay que decir que la palabra *clóset* era utilizada en Inglaterra desde el siglo XVII para dar a entender que alguien tenía un secreto insospechado por los demás, «tener esqueletos en el clóset». Pero a partir de los años cincuenta, la expresión «salir del clóset» comenzó a usarse para la gente que revelaba su orientación homosexual públicamente. Como dice el escritor Antonio Prieto Stambaugh: «Cuando un homosexual mantiene su identidad en un 'clóset', ya está actuando en relación con sistemas de poder que ejercen presión sobre los procesos del habla y del silencio». Es decir que «salir del clóset» es «una actuación que implica pasar del silencio al habla, de la esfera privada a la pública».

Hablaremos de músicos como Leonard Bernstein; escritores como André Gide, Oscar Wilde, Marcel Proust, Carlos Monsiváis, Gabriela Mistral, Federico García Lorca; pintores como Andy Warhol; actores como Rock Hudson, Marlene Dietrich, Sara García, Dirk Bogart; políticos como Harvey Milk o figuras actuales como Juan Gabriel y Ricky Martin.

EL
ROSTRO

Para mi amigo Joel Rocha

Mariscal solitario

BERNARD MONTGOMERY

TAL PARECE QUE EN INGLATERRA se ha convertido en moda sacar del clóset a sus glorias nacionales. Primero fue Benjamin Disraeli (1804-1881), Primer Ministro inglés que fue gran amigo de la Reina Victoria y de quien se criticaba su afición por la moda. Poco después se comenzó a sospechar del cardenal John Henry Newman (1801-1890), uno de los mejores escritores ingleses del siglo XIX. Newman fue célebre por su conversión al catolicismo. Recientemente, el papa Benedicto XVI ordenó remover sus restos de la tumba en que se encuentra junto al Padre Ambrose St. John, pero los activistas gays comenzaron a exigir que permaneciera ahí, ya que fue su voluntad ser enterrado al lado del compañero con el que vivió más de treinta años. El Cardenal escribió que había amado a Ambrose «con un amor tan intenso como el que siente un hombre por una mujer». Marc Roche, de *Le Monde*, escribió el 30 de agosto de 2008: «¿El cardenal Newman era gay? Shocking!»

Asimismo, una reciente biografía ha arrojado nueva luz sobre otra gloria de la historia inglesa, el Mariscal Bernard Montgomery (1887-1976), héroe de la Segunda Guerra Mundial. Sarah Hall, reportera de *The Guardian* escribió una nota (28 de febrero de 2001) en la que revela amores platónicos de Montgomery por los soldados y los jóvenes. ¿Quién diría que este militar que sentía tal atracción por los muchachos, en 1967, se opuso a la legalización de las relaciones homosexuales por considerarlas una forma de «dar carta abierta a la sodomía»?

Nigel Hamilton, biógrafo de Montgomery, buscó en cientos de documentos, pero no halló pruebas de relación física con ningún hombre. En el fondo buscaba una prueba de algo que él presentía, ya que lo conoció y tuvo con él una relación muy intensa. De ahí que en su libro *The Full Monty* (2002) asegure que Montgomery fue un homosexual reprimido. Es posible que nunca hubiera consumado una relación, pues corría el riesgo de perder su fama y su honor. ¿Qué habría pensado la sociedad inglesa al enterarse de que el vencedor de la batalla de El Alamein era homosexual?

Montgomery combatió en la Primera Guerra Mundial, alcanzó el grado de Teniente Coronel en 1918. Al comenzar la Segunda Guerra Mundial, fue enviado a Francia, pero cuando los alemanes comenzaron a expandir sus ejércitos por Bélgica, el gobierno inglés decidió retirar sus tropas (a mediados de 1940), por lo que Montgomery fue enviado al norte de África. Ahí logró la gran victoria de su vida al enfrentar y derrotar a Erwin Rommel, comandante de las fuerzas alemanas, quien se encontraba en El Alamein, en el norte de Egipto. Fue tan importante esa victoria, que para los historiadores significó el inicio de la derrota de los países del Eje en África. Winston Churchill exclamó: «Antes de El Alamein no habíamos vencido nunca, luego de El Alamein nunca más volvimos a ser derrotados».

Montgomery era engreído y excéntrico, no fumaba ni bebía y era muy metódico. Antes de cualquier combate dedicaba horas a la planeación y preparación de la artillería. Siempre estaba en la línea de guerra, al pendiente de todos los combates, y aunque era muy rígido con la disciplina militar, sus subalternos le tenían aprecio por la confianza que sabía inspirarles. Sara Hall entrevistó a Alistair Horne, otro biógrafo del mariscal, quien fue su subalterno, y respondió: «¡Yo estuve bajo sus órdenes y no tengo pruebas de su homosexualidad!». El hijo de Montgomery reaccionó furioso: «¡Es absurdo, atroz, habladurías!».

Desde que escribió una primera biografía del mariscal, Hamilton encontró pruebas de una homosexualidad latente. En 1946, mientras se encontraba en Suiza, Montgomery conoció a un joven de 12 años, Lucien Trueb. Desde que tuvo contacto con él, le mandó cartas apasionadas, las cuales concluía con frases como: «Con todo mi amor para mi pequeño amigo». Curiosamente, el único hermano de Montgomery había muerto a los 13 años, lo cual puede explicar esa atracción por los adolescentes. Asimismo, Montgomery enviudó en 1937 y pasó en soledad los últimos 40 años de su vida. En todo ese tiempo no mantuvo relaciones con ninguna mujer. Hamilton, en marzo de 2001, dijo a Antonio Mazzei, de *The Sunday Times,* que su intención era explicar su éxito como militar: «Creo que su sexualidad es la clave. Realmente pienso que su pasión por los jóvenes lo ayudó a relacionarse con sus oficiales… Sentía verdadera preocupación por su felicidad y bienestar». Finalmente, podemos decir que tanto los que creen como los que no, que Bernard Montgomery tuvo una pasión por los muchachos, coinciden en que toda su vida «mostró una lamentable soledad».

De armas tomar

Amelio Robles

Es justo que en el centenario de nuestra Revolución recordemos a un personaje de este periodo. Gracias a un reportaje de nuestra compañera Beatriz De León (*Reforma* / México 200, 2010-09-15), nos enteramos de la vida de un «revolucionario transgénero», el coronel Amelio Robles, un personaje muy peculiar que peleó valientemente al lado de Emiliano Zapata durante la Revolución Mexicana. Fue tesorero de un club maderista en su pueblo natal, dirigió muchas acciones armadas y luego de haberse retirado como revolucionario siguió defendiendo a los trabajadores de Xochipala, Guerrero, su pueblo natal. Pero lo más singular del coronel Amelio era que en realidad había nacido como mujer, en 1889, y que sus padres la habían registrado con el nombre de Amelia Robles Ávila. Durante su larguísima vida (murió en 1984, a los 95 años), el coronel se asumió como hombre y pedía que todos lo llamaran «coronel». Dicen que cuando alguien le decía «señora» o «doña

Amelia», sacaba su pistola y exigía que lo llamaran «coronel». Sólo sus amigos más cercanos, ya pasados de copas, se permitían llamarlo «mi coronela» sin temor a la ira de don Amelio.

A los 66 años, el Coronel Amelio decidió pedir a la Secretaría de la Defensa ser reconocido como «veterano» de la Revolución; veinte años más tarde, finalmente, la SEDENA lo reconoció como «Veterano de la Revolución» y no como «veterana». Como dice Gabriela Cano en el artículo «Inocultables realidades del deseo» (en el libro *Género, poder y política en el México posrevolucionario*, FCE, 2009):

> El reconocimiento de las máximas autoridades militares del país debió dar una enorme satisfacción a Amelio Robles aun cuando la SEDENA no avaló el grado de coronel que ostentaba en el ejército zapatista que, como es sabido, no era un cuerpo militar de carácter profesional sino 'un pueblo en armas'.

Desde muy joven se sintió libre perteneciendo al ejército. La vida en Xochipala de una joven hija de hacendados no era para ella, no le gustaba la idea de dedicarse a bordar, cocinar y quedarse en su casa para atender a un esposo. Durante un tiempo estudió con las Hijas de María. Cuánto no habrá sufrido ese espíritu violento al lado de unas apacibles monjas. La joven Amelia habría querido estudiar medicina, pero su familia no se lo permitió, no obstante que eran dueños de muchas cabezas de ganado. La Revolución fue un golpe de suerte en la vida de esta joven a la que llamaban «güerita» todos los vecinos de su pueblo. Cuando llegó la Revolución, su madre le pidió a un revolucionario que protegiera a su hija y le entregó a Amelia. Lo que no se imaginaba esta afligida madre era que Amelia se iba a unir a las filas de los zapatistas.

Quizás al principio no estaba convencida de las ideas campesinas, pero conforme fue conociendo a los zapatistas, se fue involucrando con sus luchas. Desde entonces se sintió más libre, fue así que decidió convertirse en el soldado Amelio Robles. Seguramente era un soldado muy apuesto, tanto que comenzó a tener muchas novias. Por nuestra parte, nos preguntamos: ¿Habrá sufrido de agresiones por parte de los demás soldados?, ¿cuántas suspicacias no despertó entre la tropa? y, finalmente, ¿cuánto morbo no suscitó su caso ya que incluso llegó a ser comentado en las primeras planas de los diarios? Por ejemplo, en 1927, fue entrevistado para *El Universal* por el periodista Miguel Gil, quien describió de esta manera al coronel Amelio: «No tiene un pedacito femenino, ni en el aire de su risa, ni en la mirada de sus ojos, ni en el modo de ponerse de pie, ni en la forma de expresarse, ni en el timbre de su voz. La forma de usar el saco, los pantalones y el sombrero ladeado un poco a la izquierda, y puesto con garbo, no eran sino indicio de masculinidad».

No cabe duda de que Amelio se ganó un lugar en una sociedad profundamente machista, un lugar por el que fue respetado. Hay que decir que incluso llegó a formar una familia con su esposa, Ángela Torres, y una hija que decidieron adoptar. Pero ganar este sitio le costó muchísimo. En una ocasión, fue asaltado por unos hombres que querían descubrir el secreto de Amelio. No les pasaba por la cabeza que el coronel iba a desenfundar su arma y a dispararles sin titubear. Aunque algunos lograron huir, Amelio mató a dos de ellos, por lo que fue a dar a la cárcel en Chilpancingo. «El encarcelamiento debió acarrearle la humillación adicional de estar recluido en el departamento de mujeres», continúa en su artículo la historiadora Gabriela Cano. Tiene toda la razón cuando escribe que la lucha más ardua de su vida no se dio en el campo de batalla, «fue una batalla cultural, una lucha silenciosa y lenta cuya gran victoria fue convertirse en varón, negando su anatomía corporal de mujer».

No podíamos dejar de rendir un homenaje al coronel Amelio, quien luchó para recibir el respeto de su tiempo. Finalmente, como dice el artículo de *Reforma*: «En su lecho de muerte, pidió dos gracias para su funeral: Ser despedida con honores por sus méritos militares y que la vistieran de mujer para presentarse ante Dios».

El baile de los 41

IGNACIO DE LA TORRE

PARECE INCREÍBLE que aún existan personas que aprovechen su espacio en los medios para emitir comentarios homofóbicos, como es el caso de un conductor llamado Esteban Arce, quien en un programa de Televisa, *Matutino Express,* criticó la homosexualidad y expresó que las relaciones normales son las que forman los hombres con las mujeres. El Consejo para Prevenir la Discriminación (CONAPRED) inició una queja contra el locutor por considerar su postura pública como inaceptable e ilegal. Aunque según el conductor «le vale gorro» si el público está de acuerdo o no con sus opiniones, hay que preguntarse si la discriminación es parte de la libertad de expresión.

A propósito de la homofobia, quisiera recordar hoy el episodio más famoso de la vida gay en nuestro país, es decir, el baile que se celebró el 17 de noviembre de 1901 en la antigua calle de La Paz, la actual Ezequiel Montes. Como dice Carlos Monsiváis en «Los 41 y la gran redada», publicado en *Letras Libres* en abril de 2002: «Hasta ahora, nada más esto se sabe de la vida gay en el porfiriato». Claro, era una sociedad represiva que no permitía que la homosexualidad fuera un asunto público. Entonces, a nadie se le ocurría pensar en salir del clóset, o en vivir abiertamente su preferencia. Era tan fuerte la censura al respecto, que casi no hay testimonios sobre la vida homosexual en México antes de 1901. Pero ¿qué sucedió exactamente?

La ciudad de México entonces era mucho más tranquila y, generalmente, después de las ocho de la noche las casas estaban en silencio. De ahí que a uno de los gendarmes de la colonia Tabacalera le llamara la atención que de un elegante carruaje bajara una pareja vestida con mucha ostentación. «¡Qué extraña se ve esa mujer!», pensó, por lo que se acercó a la lujosa casa de donde salía el sonido de una orquesta.

Con mucha curiosidad, el gendarme se acercó a la fiesta y vio que poco a poco iban llegando más carruajes. De pronto, se dio cuenta de lo que estaba pasando. Las mujeres que llegaban no eran más que jóvenes disfrazados. El oficial avisó a la comandancia y llegó con otros policías hasta la casa e hicieron una redada. Eran 42 hombres los que participaban en el baile, de los cuales la mitad estaba vestida de mujer. Además, había una mujer, aunque nunca se supo quién era.

No obstante, cuando la sociedad quiso saber quiénes eran estos jóvenes a los que la prensa llamaba *pervertidos* y *lagartijos,* los reporteros corrigieron la cifra: en realidad no eran 42 los detenidos, sino 41. Esta «corrección» no hizo más que despertar la suspicacia de los lectores. ¿Quién era el invitado número 42? ¿Sería cierto que se trataba de Ignacio de la Torre, (1866-1918) el yerno de Porfirio Díaz, casado con su hija más querida, Amada? Como los invitados a la fiesta eran miembros de las familias más pudientes de la época, es natural que sus nombres no hayan pasado a la prensa. Dicen que cuando los invitados se dieron cuenta de que la policía había llegado, muchos corrieron por las azoteas de las residencias de junto y lograron escapar, por lo que tal vez había más de 42.

Curiosamente, por más que muchos investigadores han intentado averiguar qué ocurrió, nadie ha logrado encontrar documentos policiales de la redada. Ignoramos si Díaz mandó desaparecer todos los papeles para que su familia no estuviera implicada en un escándalo; pensamos que lo hizo, en primer lugar, para evitar que sufriera más y, segundo, porque lo que siempre quiso el dictador era que su familia pasara por muy honorable. Lo cierto era que en la familia Díaz se sabía desde siempre de la homosexualidad de Nacho de la Torre y de sus continuas «escapadas».

Desde que se casó con Amada, llevaba una doble vida. Todos sabían que había estado en el baile de los 41, pero jamás se volvió a hablar del tema. ¿Quién iba a decir que el amor de Amadita por su esposo se iba a sobreponer a ese escándalo? Ambos se llevaron bien siempre, Amadita quiso a Nacho e incluso años después lo visitaba con frecuencia cuando fue encarcelado por Emiliano Zapata.

Nos preguntamos quiénes más acudieron esa noche al baile de los 41. Se sabe que estuvieron Antonio Adalid, Jesús M. Rábago, Alejandro Redo de la Vega y el Chato Rugama, un actor de teatro de revista. Acerca de Adalid, cuenta Salvador Novo en su libro *La estatua de sal* que, luego de la redada, su padre lo desconoció y lo desheredó, por lo que tuvo que exiliarse en San Francisco, en donde dio clases de inglés: «Era el hijo mayor al que habían enviado a educarse en Inglaterra. A su regreso —en plena juventud— solía participar de las fiestas privadas; *Toña la Maromera*, como le apodaban por su destreza amatoria, era el alma de esas fiestas». Rábago era un conocido periodista al que le gustaba pasear por la calle de Plateros, en donde se daban cita los *lagartijos*, llamados así porque acostumbraban tomar el sol por las banquetas con su inconfundible traje blanco y su pañuelo azul y eran considerados la expresión más acabada de la decadencia del porfiriato. Alejandro Redo de la Vega fue perdonado por su familia y se fue a vivir a Sinaloa para administrar los negocios de su padre. Finalmente, estaba el Chato Rugama, quien tenía fama de ser «el lagartijo mejor vestido de México» y que con los años fue considerado uno de los mejores imitadores de teatro.

De los 41, hubo anécdotas, canciones, novelas, obras de

teatro y coplas. No faltaba el chistoso que llegaba a las fiestas y decía: «Uno, dos, tres, cuatro, cinco, / cinco, cuatro, tres, dos, uno, / cinco por ocho cuarenta, / con usted cuarenta y uno». El número 41 se volvió tabú, pues como decía el escritor Francisco Urquizo: «No hay en el Ejército, División, Regimiento o Batallón que lleve el número 41. Llegan hasta el 40 y de ahí se saltan al 42».

Para terminar, hay que decir que todos aquellos que las influencias de su familia no lograron, o no quisieron salvarlos, fueron llevados a barrer las calles desde la comisaría hasta la estación de Buenavista y, días después, fueron llevados a Yucatán para hacer trabajos forzados. Mientras tanto, circulaban por la ciudad hojitas con grabados que hacían burla de esta detención con el título: «Aquí están los maricones muy chulos y coquetones». Afortunadamente, un siglo después de esas escenas de escarnio, una actitud similar es considerada ilegal y discriminatoria.

Los secretos de la abuela

SARA GARCÍA

«ALLÍ VA LA ABUELITA, la abuelita de México», decían cuando la reconocían en la calle y se acercaban a saludarla. Sara García (1895-1980) solía responder con una sonrisa llena de modestia. Muchas veces, la gente quería un autógrafo o tomarse una fotografía con ella. «Doña Sarita, he llorado muchas veces con sus películas», le comentaban sus admiradores con emoción. Lo mismo sucedía con las jóvenes y bellísimas extras de películas de rumberas o de cualquier otro género, nada más acercarse a esta gran actriz para que ella se mostrara atenta y cariñosa. Por décadas, Sara fue el rostro cinematográfico infaltable cuando se trataba de sufrir y mostrar una vida abnegada. Desde que en las marquesinas de los cines aparecían los títulos de sus películas, ya se sabía más o menos en qué consistiría la trama.

He aquí algunas películas en las que apareció en su papel tan característico: *No basta ser madre, Cuando los hijos se van, La abuelita, Mis hijos* y *Mi madre adorada*. En todas, Sara García tenía escenas que arrancaban lágrimas a los espectadores, de ahí que la cámara se detuviera en su rostro de sufrimiento, angustia y, sobre todo, desesperación. Lo que no sabían todos aquellos que la veían en el cine, era que cuando se terminaba de rodar una escena, ella regañaba a los demás actores y les marcaba a todos sus errores. Pero mucho menos se imaginaban que si su rostro sobresalía tanto en ciertas escenas, era porque ya había sobornado al camarógrafo. Y, en otras ocasiones, peleaba para que le dieran más parlamentos o para que la sentaran de tal forma que saliera su mejor ángulo en pantalla.

Ciertamente, esta actriz nacida en Orizaba, Veracruz, guardó celosamente todos los detalles de su vida privada. Cuando salía de los foros, se dirigía a su casa de la colonia Del Valle, en donde la esperaba Rosario González, su compañera de muchos años. Gracias al escritor Fernando Muñoz Castillo, quien escribió una espléndida biografía, *Sara García* (Clío, 1998), sabemos que la relación con Rosario inició prácticamente desde su nacimiento: «Es 1895. El arquitecto y escultor cordobés Isidoro García Ruiz se embarca rumbo a México con su esposa, Felipa Hidalgo Rodríguez, desde el puerto de La Habana, Cuba, para cumplir un contrato profesional». Doña Felipa venía embarazada. Hay que decir que había tenido 11 hijos, pero cada uno había muerto poco después de nacer. «En el mismo barco», dice Muñoz Castillo, «viaja la familia gaditana formada por Manuel González Cordero, su esposa, Francisca Cuenca, y sus hijas Blanca y Rosario, esta última recién nacida». Sara nació cuando sus padres iban pasando por Orizaba, pero doña Felipa se debilitó tanto con el nacimiento de su hija, que no pudo amamantarla, así que doña Francisca se ofreció a hacerlo.

Cuando tenía 10 años, Sara fue internada en el Colegio de las Vizcaínas. Su padre acababa de morir por un derrame cerebral, y poco después, su madre, víctima del tifus. Por suerte, en ese colegio volvió a encontrarse con Rosario. Desde entonces, todos los fines de semana salía con la familia de su amiga. De todas sus clases, la que más le gustaba a Sara era la de dibujo. Era tan buena pintora y dibujante que, cuando se graduó, la directora del colegio le ofreció una plaza de maestra. Un día que iba por la calle, en la esquina de Balderas y Juárez, vio a una multitud. «¿Qué están viendo?», preguntó. «Están filmando una película de Mimí Derba», contestó una señora.

Seguramente Sara puso una mirada de fascinación. Por esta causa el director de la cinta se acercó a ella y le preguntó: «¿Le gusta esto? ¿No quiere trabajar con nosotros?». Ese señor que hizo que Sara García entrara al cine se llamaba Joaquín Coss. En ese entonces, Sara tenía 22 años, no tenía arrugas, ni canas, ni mucho menos dentadura postiza. Fue entonces que se enamoró de un joven actor que trabajaba en la misma película, Fernando Ibáñez. Sara tenía 24 años cuando se comprometió con él, y poco después nació su única hija, Fernanda. Dicen que con tal de estar con su hija, Sara le perdonó todo a su esposo: que no se preocupara por su relación, que se ausentara de la casa y hasta que tuviera romances con otras actrices.

Un día que entró a una tienda a comprar ropa, se encontró con su vieja amiga, Rosario. Las dos tenían 29 años, pero Rosario estaba divorciada y sin hijos. Ese día se abrazaron, se contaron sus vidas, lloraron, se rieron, pero sobre todo decidieron no separarse nunca más. Sara enviudó en 1932, su esposo llevaba mucho tiempo internado en un sanatorio, pero ella tenía en su vida dos prioridades: Rosario y su carrera como actriz. Para entonces, ya se había dado cuenta de que con más de 30 años, ya no podría ser la «dama joven» de las películas, así que decidió competir con las actrices de más edad. Dice Muñoz Castillo que las hermanas Blanch buscaban una actriz para hacer el papel protagónico de la obra *Mi abuelita la pobre*. Sara estaba dispuesta a lograr ese personaje, así que decidió sacarse todos los dientes para aparentar más edad. Se maquilló, se vistió de anciana y salió a la calle para ver los resultados de su personaje. No obstante que tenía entonces 39 años, un señor se acercó y la ayudó a cruzar la calle.

Sara García siempre supo que era una magnífica actriz, sabía que podía robar pantalla a estrellas como María Félix o Pedro Infante, y no dudaba en hacerlo. Aunque fue una abuela abnegada en pantalla, con los años llegó a parodiar sus propios personajes de una manera muy atrevida, como en la película

Fin de fiesta, de Mauricio Walerstein, en la que asesina al amante de su hijo y arroja su cadáver a una alberca. En donde no cambió nunca fue en su vida privada: durante 60 años, Rosario estuvo a su lado, la atendía, le daba sus medicinas, servía de anfitriona cuando iban a comer sus amigas como Dolores del Río y Emma Roldán, le ayudaba a seleccionar sus papeles en cine, en teatro y en televisión, le apuntaba sus citas, tomaba todos los recados, la arreglaba, le elegía su vestuario, pero lo más importante, la apoyaba sentimental y profesionalmente. Rosario fue su heredera y la persona que estuvo a su lado en sus últimos momentos. Cuando Sara murió, Rosario dijo: «Fue más que una hermana, fue madre, amiga y una gran compañera».

La Abuelita del cine nacional murió el 21 de noviembre de 1980, dejando centenas de películas que testimonian la trayectoria de una mujer que entregó su vida en las tablas.

La diosa azul

MARLENE DIETRICH

¿QUIÉN FUE ESE SUEÑO llamado Marlene Dietrich (1901-1992)? ¿Era un ángel azul que sobrevolaba los deseos de millones de personas? ¿Era la voz insinuante que acompañó a los soldados estadounidenses que iban a pelear en Europa? ¿Se trataba de la imagen que las revistas reproducían con insistencia como símbolo del glamour? Recordemos que Marlene decidió exiliarse de su patria y juró no volver a pisarla hasta que no terminara el régimen de Hitler, que rechazó su ciudadanía alemana y que trabajó para el gobierno estadounidense visitando a los soldados en guerra contra Alemania. Al referirse a esta leyenda del cine y del erotismo, ¿quién podría pensar que era una mujer enamorada de sí misma e incapaz de querer verdaderamente a alguien?

El gran mito de la rubia alemana, elegante y sensual se vino abajo cuando su hija, María Riva, escribió una devastadora biografía, *Mi madre* (1992), en la que la definió como «una mujer cruel y asexuada». María fue la hija que Marlene tuvo con Rudolf Sieber, un asistente de director que conoció cuando era una adolescente que participaba en películas mudas con pequeños papeles. María nunca conoció un verdadero hogar: Marlene fue una mujer distante, entregada a su carrera y a sus romances. Por eso, cuando habla de sus primeros recuerdos, dice: «Cuando yo era niña no veía una madre, sino una reina».

Marlene Dietrich nació en un barrio de Berlín, y desde muy joven se aficionó a tocar el violín, a estudiar teatro y sobre todo a buscar oportunidades en el cabaret. Cuando fue seleccionada por el director Josef von Sternberg para el papel de Lola Lola en *El ángel azul*, la primera película sonora de Alemania, era una actriz que si bien no era muy conocida, ya había trabajado en cerca de 20 películas mudas. Ya entonces era una mujer casada y madre de María, su única hija. Desde esos años, María comenzaba a desarrollar sentimientos encontrados en torno a su madre; no comprendía por qué ella tenía otras parejas además de Rudolf. Marlene y Rudolf establecieron un compromiso que no les impedía mantener relaciones paralelas. Aunque el matrimonio se deshizo en 1929, nunca se formalizó el divorcio, ya que no fue una ruptura difícil: ambos fueron amigos y confidentes toda la vida, hasta 1976, cuando murió Rudolf.

Acerca de la película *El ángel azul* hay que decir que es una de las más notables del cine expresionista alemán. En ella se cuenta la historia de Lola Lola, una artista de cabaret que enamora a todos los hombres que van a verla actuar. El profesor Immanuel Rath, quien da clases de literatura, entra en furia cuando descubre que sus alumnos atesoran las postales de Lola. No obstante, cuando él va a verla al teatro, también queda encantado con esta bellísima mujer. Desde entonces, Rath se convierte en esclavo de la actriz y deja su vida por seguirla a todas partes.

De la misma manera en que Rath quedó cautivado al verla cantar *Fallin in Love Again* (mientras muestra sus maravillosas piernas valuadas en un millón de dólares), miles de espectadores mostraron su admiración por la belleza de Marlene. Hollywood no dejó pasar la oportunidad de llamar a esta actriz, quien de inmediato aceptó trabajar al lado de Gary Cooper en la película *Marruecos*. Marlene no sabía una palabra de inglés, pero no se dejó atemorizar y decidió aprenderse de memoria el papel, aunque no entendiera lo que estaba diciendo. En esta cinta aparece vestida de smoking y sombrero de copa, cantando «Cuando el amor muere», mientras Gary Cooper, un soldado francés, la mira fijamente.

Al terminar la canción, Marlene se acerca a una joven del público y la besa en la boca. Entonces comenzó a difundirse el rumor de su bisexualidad. Cuántas sospechas no despertó con esta manera de vestirse, con su actitud tan masculina, pero sobre todo con la ironía con que enfrentaba los rumores. Para muchos era inaceptable que Marlene respondiera con desenfado diciendo: «En Berlín importa poco si se es hombre o mujer. Hacemos el amor con cualquiera que nos parezca atractivo».

Nos preguntamos si esta mujer era en realidad asexuada como los ángeles, o si se trató de un ángel que decidió caer a causa de sus apetitos humanos. ¿Qué habrá de cierto en la historia que cuenta que Marlene apareció de extra en una película de Greta Garbo, *La calle de la tristeza*, y que ambas actrices se acariciaban de manera tan inquietante que la censura suprimió esas escenas? Greta había tenido un romance con la escritora cubana Mercedes de Acosta, así que cuando se enteró de que Mercedes y Marlene estaban enamoradas, se puso furiosa.

María Riva recuerda que Mercedes era tan obsequiosa, que en muchas ocasiones llegaba a desesperar a Marlene. Seguramente como fue con Mercedes, así fue Marlene con la larga lista de sus enamorados: inalcanzable y etérea. Finalmente, citemos las palabras de María Riva (*El País*, 5 de enero de 1993), ya que ella mejor que nadie ha meditado sobre el enigma que fue Marlene Dietrich: «No creo que mi madre supiera el significado de la palabra *entregarse*. Ella tomaba pensando que estaba dando, y esa fue su tragedia. Nunca lo supo, y no podías explicárselo, porque era incapaz de entenderlo. Era inútil decirle: 'No puedes hacerle eso, te ama; no puedes utilizar ese amor como una bomba contra él'. Ella pensaba que cuando le entregaban su amor era un gran privilegio para ellos, pues les era permitido amar a la diosa a la que el mundo consentía.

Él y su silencio

RAMÓN GAY

LE TOCA EL TURNO A DOS grandes actores que mantuvieron entre sí una relación muy intensa y apasionada. Por desgracia, se conocieron en una época en la que su amor no podía ser comprendido. Nos referimos a Arturo de Córdova (1905-1973) y Ramón Gay (1917-1960), galanes excepcionales y estrellas de cine. No sabemos cuándo se conocieron, ni cuánto tiempo vivieron enamorados, pero sabemos que formaron una pareja muy divertida, unida por una fidelidad a toda prueba. Gracias a una espléndida crónica del escritor Rafael Pérez Gay, *Un charco de sangre*, publicada en *El Universal* (18 de septiembre de 2006), nos enteramos del fin trágico que tuvo esta relación.

¿El amor entre Arturo y Ramón era del conocimiento de mucha gente? O, por el contrario, ¿lo habrán mantenido en un total silencio? Hay que decir que Ramón era 12 años más joven que Arturo, y que tal vez recibió su ayuda para hacer sus primeros papeles en el cine. En efecto, Arturo de Córdova comenzó siendo locutor de la XEW y era conocido con su nombre verdadero, Arturo García. Pasados los años, cuando comenzó a hacer cine, en 1936, tomó el apellido De Córdova. En este año filmó su primera película, *Celos,* dirigida por Arcady Boytler. Ramón inició su carrera 10 años más tarde, con la cinta *La noche y tú.* Otro de sus mejores amigos en esa etapa fue Ernesto Alonso, quien también lo ayudó a obtener sus primeros papeles. Arturo de Córdova hacía en la XEW el papel del famoso personaje Carlos Lacroix, pero cuando se decidió hacer una cinta con esta serie, Arturo recomendó a Ramón para este papel.

Ambos tenían una presencia varonil y una voz que encantaba a sus admiradoras. Casi nadie se imaginaba que entre ellos existiera una relación tan profunda. ¿Será cierto que efectivamente durante los años que estuvieron juntos nadie sospechó nada? Dicen que el gran amor de la actriz Marga López (1924-2005) fue Arturo de Córdova. ¿Estaría ella consciente de la relación que existía con Ramón Gay?, ¿o lo sabía, pero lo toleraba? Como haya sido, lo cierto es que hasta el último día de su vida, Marga vivió enamorada de Arturo.

Una noche de mayo de 1960, Ramón Gay invitó a cenar a su amiga actriz Evangelina Elizondo. Además de ser grandes compañeros de trabajo, se tenían tanta confianza que se contaban todos sus secretos. Tal vez esa noche los dos querían simplemente comentar lo que les había ocurrido ese día; ambos estaban trabajando en *30 minutos de amor,* en el Teatro Rotonda. O quizá Evangelina quería hablar de su ex esposo, el ingeniero José Luis Paganoni. Aunque ya llevaban tiempo separados, él seguía enamorado de ella. Antes de salir, quizá pensaron en ir a bailar a La Fuente, el lugar de moda, donde cantaban artistas como Javier Solís o José Alfredo Jiménez, pero la principal atracción era la guapísima Ana Bertha Lepe, quien había ganado en 1954 el cuarto lugar en el concurso de Miss Universo. O tal vez pensaron en ir a cenar a El Patio, donde se podía comer y bailar. No obstante, eligieron el restaurante del Hotel Paseo.

Cuando terminaron de cenar, regresaron en el auto de Ramón a la casa de Evangelina, en la calle Río Rhin. Ella estaba a punto de bajar del auto cuando sintió un golpe en la cara. Era su ex esposo, Paganoni, presa de los celos. Claro, no tenía ninguna idea de la relación entre Ramón Gay y Arturo de Córdova. Si hubiera sabido algo, no se habría atrevido a recriminarle nada a Evangelina. Ramón bajó del carro y quiso ayudar a su amiga y se puso frente a Paganoni. Leamos esta información que reprodujo la revista *Muertes trágicas*:

A su defensa respondió de inmediato el actor que bajó presuroso de su auto para hacerle frente al agresor; sin embargo, el celoso e iracundo hombre inició una pelea en que no pudo esquivar un fuerte puñetazo en el rostro que lo enardeció aún más. Instintivamente, Paganoni sacó de entre sus ropas una pistola escuadra Walter, calibre 38, con la que hizo un primer disparo que fue a incrustarse en el piso, uno más que hirió al actor en la mano izquierda y otro que se le incrustó en el pecho, atravesándole mortalmente el hipocondrio para alojarse en su vientre, fue este último el que le causó la muerte.

Evangelina corrió detrás de Paganoni, mientras le gritaba: «¡Detente, asesino!». Él volteó y le gritó: «¡Vete o a ti también te mato!». Así que regresó a abrazar a Ramón, quien se encontraba tirado y decía: «Me duele el pecho, llévame al hospital, ¡no me dejes morir!».

Ramón murió poco después de haber llegado al hospital. Dicen que a la primera persona a la que avisaron fue a Arturo de Córdova. En qué soledad tan grande debió de quedar este actor, con cuántas cosas debió de haberse quedado, ya que era un amor secreto. Seguramente a nadie, pero mucho menos a Marga López, le confió sus sentimientos verdaderos. Por fortuna, hoy ya podemos hablar de esta historia de un amor sin los prejuicios contra los que tuvieron que luchar Arturo de Córdova y Ramón Gay.

Voz en libertad

Chavela Vargas

Cuando algún periodista le lanza a boca de jarro la pregunta, responde siempre sin ningún titubeo. Pero nunca ha sido su bandera ni se empeña en mostrarla al mundo. Como dijo Blanche Pietrich en el video que se difundió el día de su homenaje por sus 90 años, en el Teatro de la ciudad de México: «Solamente una persona de la estatura de Chavela Vargas asume su homosexualidad con esa apertura y franqueza».

He aquí las palabras con las que la periodista María Cortina la describe: «A esta maravillosa mujer que hoy tiene 91 años, que ha cimbrado con su voz todos los sitios del planeta y que, en efecto, ha luchado durante años por ganarse el indiscutible lugar que hoy ocupa». Tiene toda la razón esta periodista, quien a lo largo de varios meses trabajó con Chavela en la escritura de *Las verdades de Chavela* (Océano, 2009): a pesar de que la cantante vivió en uno de los momentos más represivos y más prejuiciosos, supo llevar una existencia de completa libertad.

Desde que era niña, Chavela ha hecho todo lo que ha querido. En su Costa Rica natal, sufrió el abandono, la discriminación y la cerradez, pero decidió mandar todo a volar. «En este país nunca voy a lograr hacer nada», se dijo desde muy joven, «nunca me voy a encontrar a mí misma. Tengo que irme, dejar a toda esta gente que no me comprende».

Desde entonces escapar de Costa Rica se volvió una obsesión. En el fondo nunca tuvo una verdadera familia. Cuando era muy niña, su padre le dijo que su mamá había muerto, pero en realidad se había enamorado de otro hombre. Chavela pensaba en su mamá muerta, le gustaba hablar con ella, pensaba mucho en cuánto la necesitaba y cuánto le gustaría tener su cariño. Un día, siete años más tarde, vio a una mujer en la calle; Chavela pensaba: «Esa mujer que viene ahí es mi madre». Doña Herminia, que así se llamaba su madre, miraba a esa niña y se decía: «Esta pequeña es mi hija». Cuando estuvieron frente a frente, se abrazaron, comenzaron a llorar, gritaron, se miraron con un cariño infinito. Pero ese cariño tan inmenso duró sólo segundos... Inmediatamente Chavela se dio cuenta de que su madre había desaparecido por seguir a otro hombre. Desde entonces, Chavela no dejó de pensar en que tenía que huir de Costa Rica. Supo que tenía una herida muy grande que no sanaría en ese país. En una reciente entrevista con Carmen Aristegui, esta magnífica cantante dijo: «Yo no le debo nada a Costa Rica. Costa Rica no me ha dado nada».

Un día se decidió y vendió unas gallinas y una vaca y se subió a un avión de un motor y dos hélices que la trajo a México. Desde entonces, Chavela no ha dejado a México; ha vivido en Cuba, Argentina y España, pero siempre ha vuelto a su ciudad y a su casa, desde donde se puede ver el Tepozteco. Aquí conoció a Frida Kahlo.

«Cuando recuerdo a Frida», ha dicho Chavela, «después de tanto tiempo, lo que veo es su ternura; su ternura mezclada con el dolor. Eran inseparables. También el olor a medicina que llenaba la casa, la mirada sensual con la que Frida desarmaba por igual a hombres y mujeres, y el amor que yo le tuve y que le sigo teniendo. Siempre será mi gran amor».

Pero, sin duda, el amigo más entrañable fue a quien conoció en el cabaret México, un joven compositor que apenas empezaba: José Alfredo Jiménez. Tengo la absoluta certeza de que a José Alfredo le impactó esta voz que podía ser tan sutil hasta llegar casi al silencio y de pronto lanzar una mordida como si fuera una serpiente. Así de extrema era la voz de Chavela. Puede decirse que casi desde el primer día, ambos se identificaron; vivían el amor de la misma manera, con la misma intensidad y poesía. Juntos iban a llevar serenata a sus respectivas enamoradas. Gracias a José Alfredo, Chavela entró a la bohemia de los años cincuenta y conoció a Álvaro Carrillo, Agustín Lara, Gonzalo Curiel…

«Nada más no te juntes con Cuco Sánchez, porque no toma», le dijo en una ocasión Carrillo. No cabe duda de que las canciones de todos esos compositores suenan de una manera completamente distinta, como si nadie hubiera sacado de ellas todo el sentimiento posible. Desde entonces, la canción que es la rúbrica de Chavela es «Macorina», originalmente un poema del escritor español Alfonso Camín, un poema dedicado a una de las más bellas y renombradas prostitutas de Cuba, toda una personalidad de la isla, y que además fue modelo de muchos pintores. Chavela la conoció. «Era una mulata hija de negra y un chino», dice, «tenía un color de piel exacto a la hoja de tabaco. Sus ojos eran verdes y tenía cabellos lacios que le llegaban a la cintura. Todos los que la conocimos no la hemos podido olvidar jamás». Por eso, Chavela le puso música a ese poema de Camín, famosísimo por el verso que dice: «Ponme la mano aquí, Macorina».

Finalmente, quisiera citar a Carlos Monsiváis, amigo del alma de Chavela, quien en una ocasión la festejó con estas palabras: «Oírte es un deleite, oírte es un compromiso con el pasado y con el presente, oírte es saber, una vez más, que nuestras emociones ya no estarán enteras, pero nuestra capacidad de revivirlas sí».

Coincidencias

DIRK BOGARDE

LA NOVELA *Muerte en Venecia*, del autor alemán Thomas Mann, es la historia de un frustrado amor platónico, del amor que nace en el escritor Gustav von Aschenbach por Tadzio, un adolescente que pasa las vacaciones en Venecia. El hombre de letras es un hombre que huye del mundo intelectual y de su propia vida, pero, sobre todo, se encuentra persiguiendo la inspiración y se dirige a Italia. Cuando ve a Tadzio por primera vez, todo aquello que había considerado como cierto en su vida se desploma. Tadzio se le aparece por todas partes en la ciudad, siempre con su belleza inalcanzable. Como dice Mann:

> La limitación del espacio y la regularidad del género de vida que todos estaban obligados a llevar, hacían que el muchacho estuviese próximo a él casi todo el día, con ligeras interrupciones. Pero cuando tenía

ocasión de consagrar a la bella figura devoción y estudio, ampliamente y con comodidad, era principalmente por la mañana, en la playa. Y esta complacencia de la fortuna, este favor de las circunstancias que, con uniformidad perenne diariamente se le ofrecía, era todo lo que le llenaba verdaderamente de satisfacción y gozo.

Por desgracia, como dijo el poeta August von Platen: «Aquel cuyos ojos han contemplado la belleza ha hecho ya profesión de muerte».

En 1971, Luchino Visconti decidió hacer la versión fílmica de la novela de Mann. La elección del actor que haría de Aschenbach no fue difícil, ya que Visconti quería que el personaje recordara al compositor Gustav Mahler, así que se decidió por el magnífico actor inglés Dirk Bogarde (1921-1999). Fue un joven muy guapo y varonil, pero sobre todo un actor muy versátil. Mucho de su personalidad provenía de que había estado en la Segunda Guerra Mundial. Dicen James E. Wise y Scott Baron en *Estrellas internacionales en la guerra*, que Dirk tenía un cuaderno en el que dibujaba los paisajes de la guerra; asimismo, presenció la liberación del campo de concentración Bergen-Belsen, el 15 de abril de 1945. Toda su vida evocó lo que vio ese día.

Cuando regresó a Inglaterra, Dirk comenzó a actuar en teatro, pero la calidad de su trabajo y su presencia escénica comenzaron a llamar la atención de los productores de cine. Entonces comenzó una carrera cinematográfica que lo volvió uno de los actores ingleses más famosos de Hollywood. Las mujeres de entonces casi se desmayaban con este actor tan espectacular. Se desempeñó como el doctor Simon Sparrow en las películas más populares de entonces, como *Un médico en la familia* o *Un médico fenómeno*. También fueron famosas sus interpretaciones de músico; en *Sueño de amor*, hizo el papel de Liszt. Bogarde sintió, por mucho tiempo, que la industria del cine no le daba un papel a su medida; era extraordinariamente popular y había compartido créditos con personalidades como

Brigitte Bardot, Ava Gardner y Alec Guinnes, pero le faltaba un gran papel para trascender. Ya había tenido desilusiones con el director David Lean, quien le negó el papel de Lawrence de Arabia y el del doctor Zhivago. Dirk era un actor que se caracterizó por elegir los papeles más desafiantes. El personaje que le dio Visconti fue uno de ellos y, evidentemente, es el que esperaba para inmortalizarse. Era tanto el compromiso de Bogarde con su personaje que, según Visconti, aún después de terminar la filmación, seguía siendo Gustav von Aschenbach.

Una vez que terminó de filmar esta cinta, Dirk decidió experimentar con la escritura; primero escribió su autobiografía, *Un guía golpeado por el rayo*. Su estilo gustó tanto a editores como a lectores. Más tarde escribió la novela *Una ocupación gentil*. Bogard llegó a los 59 años no sólo reconocido como un gran actor, sino también admirado por sus libros.

¿Cómo fue su vida personal? Nadie en Inglaterra sabía nada de su relación con Anthony Forwood, su *manager*. En 1939 se habían enamorado y desde entonces vivían juntos. Pero para Bogarde resultaba insostenible vivir en el clóset. Por eso decidió aceptar el papel de un homosexual que es chantajeado para no revelar su vida íntima. Entonces, encarnó la vida de Melville Farr, en *Víctima*, la primera cinta inglesa con un personaje gay.

A pesar de la valentía que mostró en esta cinta, Dirk jamás aceptó públicamente su relación con Forwood, aunque vivieron juntos 49 años. «La gente se obsesiona por ese tema», decía, «pero la verdad es que Forwood y yo siempre tuvimos una relación platónica. Él era muy puritano, odiaba la sola idea de la homosexualidad». En todos lados le insistían para que revelara la verdad. Sólo respondía: «Que la gente piense lo que quiera. Yo rechazo esa afirmación. Y si hubiera sido cierto, también lo rechazaría porque en este país la gente es muy cruel». Un actor y escritor famoso, un amor platónico, un enorme culto por la belleza y una vida rodeada de convencionalismos, ¿no es cierto que hay muchas coincidencias entre el actor y su personaje?

Un misterio

ROCK HUDSON

CUANDO EL ACTOR ROCK HUDSON (1925-1985) anunció que tenía sida, la revista *Life* comentó que por primera vez la enfermedad tenía «un rostro que todo mundo podía reconocer». El día que el galán hollywoodense, el protagonista de *Gigante* y de *Adiós a las armas*, hizo este anuncio, mucha gente en todo el mundo se dio cuenta de que esta enfermedad no se trataba de una alucinación ni mucho menos de una mentira. Aunque el actor había contraído la enfermedad a principios de los años setenta, los síntomas se manifestaron hasta 1985. En agosto de ese año declaró públicamente su estado de salud, y fue tanta la repercusión, que apenas un mes más tarde, en una campaña para recaudar fondos para la investigación del sida, se reunieron cinco millones de dólares. Era indiscutible que las declaraciones de Hudson habían servido para sensibilizar a la gente.

No cabe duda de que uno de los momentos más difíciles de su vida fue enfrentarse a las opiniones de una sociedad tan cerrada. Rock Hudson había encarnado el mito del galán por muchos años, medía casi dos metros, pesaba noventa kilos, tenía una voz muy varonil y había mantenido su vida personal en el más profundo de los misterios. Nunca quiso interpretar un papel de homosexual, y sólo unos cuantos amigos sabían de sus preferencias amorosas. Pero la evidencia de su enfermedad lo orilló a revelar su vida. Algunos medios acusaron a Hudson de traicionar la confianza de millones de mujeres que se habían enamorado de él. «¡Rock Hudson engañó a sus fans!», llegó a leerse en muchos diarios. Sus últimos días estuvieron llenos de tristeza, se sentía incomprendido porque tal vez pensaba que una vida como la suya iba a ser juzgada sin misericordia. Por eso, cuando los médicos le informaron de su estado de salud, él respondió: «Espero morir antes de que el público sepa esto». El 1 de octubre de 1985, el actor envió un comunicado en el que decía: «No estoy contento por tener sida. Pero si de este modo soy útil a los demás, al menos sé que mi desgracia ha servido para algo positivo». Al día siguiente, Hudson murió en su casa de California y su amiga Liz Taylor, con quien actuó en *Gigante*, declaró: «Espero que la muerte de Rock sirva para algo bueno».

Es cierto que su muerte despertó muchas conciencias, también es cierto que a partir de entonces la homosexualidad dejó de ser un tabú en los medios. Su fin pudo haber sido triste, pero su paso por el cine fue siempre alegre. Dicen que Hudson encarnaba la alegría, sobre todo cuando compartía créditos con Doris Day. Hudson interpretaba personajes más o menos convencionales, pero su vida no tenía nada de convencional, al contrario, toda su infancia estuvo llena de dificultades. Rock, que en realidad se llamaba Roy Harold Scherer, tuvo una infancia difícil en Winnekta, un pueblo cercano a Chicago. Su padre abandonó la casa, por lo que Roy se trasladó a Los Ángeles con su madre. Ahí, ella conoció a otro hombre, pero Roy nunca pudo llevarse bien con su padrastro.

Cuando quiso estudiar teatro, le dijeron que era demasiado alto, demasiado rígido para el escenario, pero sobre todo poco expresivo. Entonces salió del teatro dispuesto a buscar cualquier medio para vivir, excepto la actuación. Trabajó como **cargador,** taxista y camionero. Dicen que en una ocasión en que manejó su camión hasta Hollywood, Henry Wilson, un representante de artistas, lo vio pasar frente a los Estudios Universal. Desde que lo vio se dio cuenta de que un joven con un físico tan atractivo tenía que estar en el cine, así que se le acercó y le preguntó:

—Oye, te ves muy bien. ¿Sabes actuar?

—No —contestó tímidamente.

—Magnífico. Entonces creo que puedo hacer algo por ti.

Lo que no se imaginaba este mánager era que con Roy iba a sufrir como con ningún otro representado, porque a pesar de su encanto físico, todavía era muy tímido para actuar. A pesar de sus limitaciones, Roy pudo educar su voz y volverla más grave y lograr más soltura en sus actuaciones. No obstante, Wilson necesitaba que su representado fuera más intenso en su trabajo: «Tienes que ser fuerte como una piedra y caudaloso como el río Hudson», le dijo. Fue así que nació el nombre de Rock Hudson; el actor que encarnó al modesto granjero de Texas que confiesa que sólo tiene 500 mil hectáreas en la película *Gigante*, o a Mitch Wayne, el joven que mira cómo se derrumba una familia de petroleros en *Escrito sobre el viento*.

Conforme se iba haciendo conocido, iba creciendo la curiosidad por su vida privada. Muchos sospechaban de su prolongada soltería y de la falta de romances en su vida. Entonces, a Wilson se le ocurrió que su secretaria, Phyllis Gates, sería la candidata ideal para casarse con Hudson. Phyllis no sospechaba que se trataba de un matrimonio por conveniencia y se casó completamente enamorada. Todas las mañanas, cuando se miraba en el espejo, se decía: «No puedo creer que esto me pase a mí, ¡soy la esposa de Rock Hudson!». El actor le dijo: «Vas a escuchar muchas habladurías en torno a mí, pero no creas nada». Phyllis nunca quiso saber en qué consistían estos rumores. No quería saber por qué se ausentaba tanto tiempo, ni por qué tantos jóvenes le llamaban por teléfono. Finalmente, una amiga le reveló que su esposo había tenido un romance con un compañero de filmación. Entonces sintió que no podía más y decidió dejarlo. Luego de que se divorciaron, nunca más volvió a verlo, pero le siguió siendo fiel, nunca volvió a enamorarse. Murió con muchos secretos de su esposo. Decía: «Yo supe de su vida secreta. Pero Rock era muy celoso de ella. Sería muy vengativo de mi parte revelarla».

Noches blancas

HARVEY MILK

LA NOCHE DEL 21 DE MAYO DE 1979 había mucha gente en las calles del distrito del Castro, en San Francisco. La gran mayoría eran jóvenes indignados. Desde hacía meses, la comunidad gay de la ciudad se encontraba con rostro de extrañeza y desamparo, pero sobre todo de inconformidad. Había ocurrido un golpe muy fuerte contra el movimiento homosexual: el 27 de noviembre había sido asesinado Harvey Milk (1930-1978), la mano derecha del alcalde de la ciudad, George Moscone. Pero, además, Milk era conocido por ser el primer político abiertamente gay que llegaba a un puesto por elección en Estados Unidos. Cuánto le había costado tener el reconocimiento de la gente, cuánta fuerza había dedicado a lograr que los votantes de California pudieran tener confianza en un movimiento de activistas gay. Sin duda, Milk se había convertido en una figura muy reconocida. Era común verlo pasearse por las calles con su amplia sonrisa, su típica corbata ancha a rayas y con su pelo ondulado y muy bien peinado. De alguna forma, con sus buenas maneras y su carácter tan agradable, Milk quería decir: «Vean cómo los homosexuales somos personas de confianza, trabajadoras y honestas». Claro que esta idea era muy difícil de digerir para la gente más conservadora de la ciudad.

Es cierto que Milk no siempre tuvo aspiraciones políticas ni una conciencia social tan amplia. Durante mucho tiempo se identificó con los conservadores, pero conforme vio los problemas de la comunidad gay en San Francisco, fue adquiriendo un compromiso. Primero fundó un negocio de fotografía en el distrito El Castro, en uno de los sitios de mayor presencia homosexual. No se trataba sólo de un negocio de fotografía, sino que también era un sitio de encuentro y ligue; no obstante, Milk hacía ver a sus amigos que era necesario organizarse para defender sus derechos, por lo que su local pronto fue un conocido lugar de organización política.

Cuando se dio cuenta de que se había vuelto una presencia importante en la comunidad, decidió tomar en serio su personalidad. Varias veces se presentó a las elecciones, pero tal vez su pelo largo y su desenfado eran contraproducentes en varios sectores. Así que un día, muy tempranito, se miró al espejo de su casa y se dijo: «Nunca más la marihuana ni los chicos de los saunas». En ese momento decidió mostrar una imagen «decente», sumamente benéfica para su movimiento.

En 1977 ganó las elecciones para desempeñarse como supervisor del quinto distrito de la ciudad. Milk estaba feliz. Pero hay que decir que su forma de ser no deja de parecernos particularmente extraña; de alguna manera, su trabajo y su pasión por la vida política habían llegado a absorberlo por completo. Para sus parejas era muy difícil lidiar con su carácter, su desapego y su entrega a las causas políticas. ¿Por qué Milk siempre se sentía atraído por jóvenes con problemas de adicción?, ¿por qué sus parejas lo abandonaban a veces algo desesperadas?, ¿por qué uno de sus novios, el mexicano Jack Lira, se suicidó en el departamento de Milk?, ¿era una forma de llamar su atención?

El día en que Milk tomó posesión de su cargo como supervisor, tenía a su lado a Dan White, quien también ocupaba un puesto similar. Dan le dijo: «No sabes qué contenta está mi abuela de poder presenciar este momento». Lo que no se imaginaba Milk era que a partir de entonces tendría varios enfrentamientos con Dan, a pesar de que personalmente no le era desagradable. Cada que podía, Dan manifestaba en los medios: «Yo apoyo a todas las personas, también a los gays». En realidad, se opuso a todas las iniciativas de Milk, y en ocasiones hacía campaña contra «los desviados».

Durante un año, Milk estuvo en su cargo. La noche del 27 de noviembre de 1978, Dan White entró al edificio de gobierno por una ventana para no pasar por el detector de metales. Se dirigió a la oficina del alcalde Moscone. Cuando estuvo frente a él, le disparó a quemarropa; de inmediato, se dirigió a la oficina de Milk y le hizo varias detonaciones, entre ellas una en el rostro. De ahí salió corriendo y se ocultó. Horas después se entregó a la policía.

Durante meses, la corte deliberó acerca de este crimen. Se cuenta que el jurado estaba del lado de Dan White. Hay que decir que la defensa recurrió a muchas mañas legales para intentar salvar a White de la cadena perpetua y de la pena de muerte. Mientras el ex supervisor miraba a todos con mirada enigmática y rostro serio, la comunidad gay se iba mostrando cada vez más indignada. Los abogados defensores recurrieron a las explicaciones más extrañas; incluso llegaron a decir que Dan había asesinado a Milk porque se encontraba en mal estado anímico por cenar comida chatarra… La gente comenzó a llamar «Defensa *twinkies*» a los abogados. No obstante, esta defensa tuvo mucho éxito: White fue condenado sólo a siete años de cárcel.

Cuando los jóvenes que se encontraban a las afueras del antiguo negocio se enteraron, comenzaron a organizarse y a marchar hacia las oficinas de la alcaldesa Dianne Feinstein. Durante varias noches, la comunidad gay de San Francisco se enfrentó a la policía. A esas manifestaciones se les recuerda hoy con el nombre de «Noches blancas». Finalmente, hay que decir que los *twinkies* quedaron absueltos del crimen de homofobia.

Doble personalidad

ANTHONY PERKINS

ANTHONY PERKINS (1932-1992) es uno de los actores más populares y, al mismo tiempo, más desconocidos de la historia del cine. Todo mundo lo recuerda por su caracterización de Norman Bates, el asesino de la cinta Psicosis (1960), de Alfred Hitchcock; pero, por otra parte, fue un artista con muchas sombras en su vida personal, ya que tuvo una serie de relaciones amorosas con actores y bailarines toda su vida, aun cuando vivió profundamente enamorado de su esposa, la actriz Berry Berenson.

Desde muy niño, Anthony adquirió fascinación por el cine y por la danza, ya que era hijo de Osgood Perkins (1892-1937), uno de los actores más apreciados de los primeros años del cine sonoro. En 1926, Osgood trabajó en la cinta *Love'em and Leave'em*, al lado de la famosísima Louise Brooks, la actriz que popularizó el peinado «a la Brooks», característico de los años veinte: redondo, lacio y con un pequeño fleco. Louise dijo al historiador Kevin Brownlow: «El mejor actor con el que alguna vez trabajé era Osgood Perkins. ¿Sabe usted qué hace grande a un actor? El *timing*. No debe sentirse nada. Es lo más similar a tener una pareja de baile perfecta». Desafortunadamente, Osgood murió cuando tenía 45 años, a causa de un infarto, así es que Anthony quedó solo con su madre, Janet Esselstyn Rane. Con ella llevó una relación muy conflictiva, ya que era muy asfixiante.

En una ocasión, le preguntaron a Anthony si la madre es la mejor amiga de un niño: «No sólo es su mejor amiga, es su más apasionada amante». Dicen que nunca dejó de soñar con convertirse en un gran actor, como su padre. No obstante, eso no debió de agradarle mucho a su madre, por lo que Anthony siguió con sus estudios e ingresó al Rollins College, de Florida, cuando tenía 17 años. Algunos de sus compañeros del colegio destacaron como actores, por lo que no es de extrañar que a él también le ofrecieran un papel en el cine.

La primera película de Anthony Perkins no podía tener mejores perspectivas: compartió créditos con Spencer Tracy y Jean Simmons, en *La actriz* (1953), cinta inspirada en la vida de Ruth Gordon. No obstante que Anthony era aún muy joven y tenía un rostro muy alegre y hasta cierto punto ingenuo, poco a poco se fue dando a conocer porque siempre sabía dar a sus personajes un leve matiz de locura. Qué tan buen actor sería que apenas en su segunda película, *La gran tentación* (1956), fue nominado al Oscar de Mejor Actor de Reparto por su papel de un joven que decide ir a pelear a la Guerra de Secesión. Anthony, con su fragilidad, nerviosismo y simpatía, se convirtió en un actor fuera de serie; era único, por ello fue dirigido por cineastas de la categoría de Elia Kazan, Orson Welles, Claude Chabrol y Mel Ferrer. No hay que olvidar la maravillosa película *Aimez-vous Brahms?* (1961), en la que hacía el papel del joven amante de Ingrid Bergman; cuando apareció esta película se veían por la calle parejas de mujeres con hombres mucho más jóvenes. Por esta actuación, ganó el premio al mejor actor del Festival de Cannes.

Dicen que por esos años tuvo romances con Rock Hudson y Rudolf Nureyev. Pero su verdadero amor fue Tab Hunter, un atractivo joven de ojos verdes que había sido guardacostas antes de convertirse en actor y luego en cantante. Durante años vivieron una relación que mantuvieron oculta hasta que, muchos años después, Tab la reveló en sus memorias, publicadas en 2005.

Alfred Hitchcock se fijó en Perkins para el personaje de Norman Bates por su personalidad sumamente atractiva, pero sobre todo por la timidez e inseguridad que podía reflejar en pantalla. Sí, Norman Bates, el joven que tenía el cadáver de su madre en su casa, no podía tener un mejor intérprete. No cabe duda de que se trata de un papel sumamente complejo: Norman toma la personalidad de su madre para asesinar a las mujeres de las que se enamora. Es al mismo tiempo un niño frágil y una madre represiva que no duda en matar. Como dijo el propio Perkins sobre su personaje: «Es el Hamlet de los papeles de terror, y nunca puedes tener suficiente con el papel de Norman Bates. Siempre es interesante». La madre de Norman es la sombra que asesina a la secretaria Marion Crane (interpretada por Janet Leigh) durante una de las escenas más famosas del cine: mientras se baña, una mano clava un cuchillo en su espalda.

Asimismo, puede decirse que Norman Bates se posesionó de la vida de Anthony Perkins, su sombra lo siguió toda la vida. Puede decirse que, al final de su vida, Norman salvó a Perkins; cuando era un actor maduro, con menos oportunidades de trabajo, comenzó a actuar en las secuelas de *Psicosis*. Con razón decía: «Creo que es mi papel favorito. Miles de personas se han acercado a mí en las calles, hoteles y tiendas departamentales y han compartido su experiencia de ver películas en las que aparezco. Siempre con un sentimiento de haber sido entretenidos y tomados por la historia y de haber pasado un buen rato».

Por otra parte, Perkins fue obligado a llevar una doble vida, no pudo asumir públicamente su homosexualidad. A los 41 años, se casó con Berry Berenson, una fotógrafa y actriz con la que tuvo dos hijos, Oz y Elvis (Anthony era uno de los máximos admiradores de Elvis Presley). No obstante, continuó teniendo aventuras con hombres. En 1989 contrajo el virus del VIH y, a causa de las complicaciones del sida, murió de pulmonía en 1992 cuando tenía 60 años. Recuerdo haberlo visto en la revista *Hola!* muy poco antes de morir, sumamente delgado, y acompañado de sus dos hijos. Se sabía que estaba enfermo de sida, y resultaba evidente para todos que en el fondo de su vida hubo un conflicto que no pudo resolver. Anthony Perkins tuvo, como su mejor personaje, un final muy dramático.

Para Lu

Believe

ELTON JOHN

ME IMAGINO QUE a nuestros lectores aún no se les quita el «asquito» que provocó el gobernador de Jalisco con su intransigencia y su ignorancia. Además de «asquito», este personaje ha provocado una grave indignación no sólo en México: sus declaraciones sobre el matrimonio gay fueron reproducidas por diarios de todo el mundo. Seguramente para una gran cantidad de medios, este tipo de expresiones son de lo más pintorescas, y los lectores de otros países debieron leerlas con una expresión de pena ajena en el rostro. Hoy, para que el gobernador y el Cardenal Sandoval Íñiguez se enteren de que no todo el mundo comparte sus prejuicios, vamos a hablar de una boda muy especial, una de las primeras uniones gay de Inglaterra: la boda de Elton John y David Furnish, que se celebró el 21 de diciembre de 2005.

Elton y David se conocieron en 1993, y desde entonces su relación se convirtió en uno de los temas favoritos de los ingleses. Todos querían saber si estaban muy enamorados, si tenían problemas, si David sería capaz de lidiar con el célebre mal humor del astro o si, por el contrario, podría dulcificar su carácter. Durante años, ambos fueron literalmente perseguidos por la prensa y los *paparazzi;* puede decirse que no había inglés que no estuviera al tanto de lo que ocurría entre ellos. Por un lado, Elton nació en Londres, en 1947, hijo de Stanley Dwight, quien era trompetista, pero trabajaba como lechero para mantener a su familia. David es oriundo de Ontario, Canadá, en donde nació en 1962. Estudió administración y comenzó a trabajar en su ciudad, pero poco después le ofrecieron una plaza en Londres. En ciertaa ocasión, un amigo le habló por teléfono para invitarlo a una cena muy especial... en casa de Elton John. Evidentemente, David se puso muy nervioso. Dicen que primero pensó en negarse a ir. Seguramente, Elton John sería insoportable, vanidoso y frívolo. Pero cuál sería la sorpresa de David al encontrarse con un hombre sensible, divertido y, sobre todo, gran conversador, que se interesaba en la vida y opiniones de su interlocutor. Esa noche, Elton y David se dieron cuenta de que podían enamorarse... o quizá ya estaban convencidos de que lo harían. O tal vez se dieron cuenta de que desde ese momento ya estaban profundamente enamorados.

Al año siguiente, David ya no era dueño de su vida, sólo tenía tiempo para cumplir con las múltiples demandas de Elton. Apenas unas semanas después de conocerse, Elton ya se había convertido en un enamorado demandante, que buscaba todos los días a David. Tuvo que dejar su trabajo para estar todo el tiempo al lado de su nueva pareja. Se cuenta que David ha sido completamente benéfico para Elton: lo ayudó a superar los problemas con la cocaína y el alcohol. Desde 1998, ambos comenzaron a usar anillo de casado aun cuando todavía no había planes de boda. Finalmente, en 2004, en el programa de Larry King, Elton dijo frente al público inglés: «David y yo llevamos juntos 11 años y creo que deberíamos tener el mismo derecho a comprometernos y protegernos mutuamente que los heterosexuales casados».

Desde entonces, se anunció que la boda sería a todo lujo en la mansión de campo de Elton John, en Berkshire, al sur de Londres. En efecto, el día de la boda los novios llegaron vestidos elegantemente, con traje negro, a bordo de un Rolls Royce Phantom negro. Elton tenía un discreto broche de diamantes en la solapa y una corbata negra. Según los diarios ingleses, ese mismo día, 687 parejas homosexuales también contrajeron matrimonio. Cuando Elton y David entraron al ayuntamiento, fotógrafos y curiosos se quedaron esperando afuera. Ante el juez, sólo estuvieron ellos y sus respectivos padres (en el caso del músico, iba su madre acompañada de su segundo esposo). Otro invitado a la boda fue Arthur, el perro de la pareja, un cocker spaniel blanco y negro, quien estuvo muy atento a la ceremonia que duró 20 minutos. Seguramente, entre las canciones que esa tarde se cantaron en el banquete de bodas, estaba la famosa canción «Believe» de Elton John: «Creo en el amor, es todo lo que tenemos / el amor no tiene límites, ninguna frontera que cruzar».

A esta boda que costó un millón y medio de euros asistieron 700 invitados. Aunque fue un evento al que todos los ingleses hubieran deseado ir, se mantuvo en la mayor privacidad. Incluso, los novios rechazaron muy amablemente una oferta de muchos millones de parte de una revista que pretendía cubrir la boda. Como Elton John lleva años como activista contra el sida, pidió a sus invitados que en lugar de regalos dieran donativos para la organización que dirige.

Finalmente, supe que Elton John estuvo en el Centro Fox, actuando a favor de los niños pobres. Espero que Vicente Fox no lo haya confundido con John Lennon.

La vida oculta

JUAN GABRIEL

«LO QUE SE VE NO SE PREGUNTA». Así respondió Juan Gabriel, en 2002, cuando un periodista lo cuestionó sobre su sexualidad. Con toda razón, la periodista Alma Guillermoprieto dice que se trata «del más improbable heredero de José Alfredo Jiménez». Sus canciones no hablan mal de las mujeres y no elogian a los hombres que se emborrachan con tequila. Por el contrario, a veces son letras tiernas, como aquella que hace que salgan las lágrimas de los más machos, «Amor eterno»:

> Amor eterno e inolvidable,
> tarde o temprano estaré contigo
> para seguir amándonos.

Cuando en la Cumbre de las Américas (1992), en Guadalajara, cantó ante los presidentes del continente, los reporteros se solazaron con los rostros de estupefacción y las miradas maliciosas de los mandatarios. Juan Gabriel, con su voz tan frágil, sus melodías pegajosas y su aspecto afeminado, derrumbó el mito del macho mexicano. Este compositor y cantante ha sido importante para crear la identidad de la cultura gay de nuestro país. ¿Cuántas de sus canciones no tendrán sugerencias del amor homosexual? Como aquella que dice: «Si en el mundo hay tanta gente diferente, una de esas tantas gentes me amará» (Eres un amor).

Qué curioso que las canciones de Juan Gabriel hayan sido aceptadas desde siempre en la televisión y la radio mexicanas. Es cierto que, entonces, Juanga (como le dicen sus admiradores) filmaba películas en las que enamoraba a sus novias. Aunque ya desde entonces podía decirse que «lo que se ve no se pregunta», lo cierto es que la sociedad mexicana prefería no fijarse demasiado en esas cosas. Pero, ya entonces, Juan Gabriel bailaba quebrando las caderas y haciendo movimientos femeninos como no se había hecho antes. Pero, por años, su vida privada estuvo oculta, hasta que uno de sus amigos, Joaquín Muñoz Muñoz, publicó un libro que causó escándalo por las fotografías comprometedoras en las que se veía al compositor con varias de sus parejas.

Pero, ¿dónde nació Alberto Aguilera, mejor conocido como Juan Gabriel?, ¿fue un niño feliz?, ¿sería cierto que su padre murió cuando él era muy chico, luego de que presenciara un incendio que terminó por enfermarlo de los nervios? Aunque Juan Gabriel nació en Parácuaro, Michoacán, en 1950, desde muy pequeño se fue a vivir a Ciudad Juárez con su madre. Ahí creció y empezó a cantar; no obstante, nunca ha dejado la nostalgia por su pueblo, como puede verse en su canción «De sol a sol»:

> Parácuaro, Parácuaro,
> pueblito testigo de tanto dolor,
> tú que viste nacer a Virginia, a Lupe, a Pablo,
> a Miguel y a Gabriel;
> tú que viste morir a mi madre
> esperando a mi padre,
> que no supo de él.

No olvidemos que el gran amor de Juan Gabriel fue su madre, Victoria Valadez, que murió en 1974. A ella le escribió su canción más popular, «Amor eterno»; dicen que fue ella quien más lo apoyó y quien más se conmovía con sus canciones. Pero, sobre todo, fue ella quien lo bautizó con el nombre de Alberto, como Alberto Limonta, protagonista de la radionovela cubana *El derecho de nacer*, que por entonces se transmitía por la XEW. Sin duda, este pasado sentimental y rural está muy presente en las canciones de Juanga, como dice el crítico José Joaquín Blanco, en su libro *Un chavo bien helado, crónicas de los años ochenta*, el compositor sigue insistiendo en los tres o cuatro temas decentes del sentimentalismo: el abandono, el encuentro, el regreso, el recuerdo.

Todavía no era «Juan Gabriel», tenía 16 años y ya componía canciones, cuando se acercó a un lugar llamado el Noa Noa. Cuando fue contratado, la primera canción que cantó, acompañado por Los Prisioneros del Ritmo, fue «No», de Armando Manzanero, la cual era muy popular gracias a Carlos Lico. Entonces se llamaba Adán Luna, y seguramente no sabía que después de muchas dificultades se convertiría en uno de los artistas más conocidos de México. Con respecto al Noa Noa, se ha dicho que era un lugar de ambiente gay, de ahí que la canción que le dedicara sea tan sugerente:

Éste es un lugar de ambiente
donde todo es diferente,
donde siempre alegremente
bailarás toda la noche ahí.

Esta canción tan alegre fue compuesta por Juan Gabriel en 1980, cuando ya habían quedado atrás sus años en este bar; no obstante, gracias a ella, el Noa Noa tuvo sus mejores años a partir de 1980.

En varias ocasiones, el joven compositor viajó a la ciudad de México a buscar una oportunidad. Desafortunadamente, en todos esos viajes sólo se llevó decepciones, tal como le ocurrió durante su cuarta visita, cuando lo acusaron injustamente de robo. Pero el director de la cárcel escuchó sus canciones y se entusiasmó tanto que fue a buscar a la famosa cantante la Prieta Linda para presentárselo. La intérprete quedó sorprendida con el joven compositor. Cuando salió de la cárcel, su nueva amiga se ofreció a grabar su canción «Noche a noche». Fue entonces que las compañías de discos comenzaron a interesarse por su trabajo, sus canciones y su personalidad. En 1971, grabó su canción «No tengo dinero». Desde entonces, todo mundo quería saber quién le inspiraba tantas canciones, las cuales tenían dosis de ingenuidad e innovación. Pero Juan Gabriel sólo se limitaba a contestar: «Me la inspiró una novia que se llama Lili Durán». Claro, entonces Juan Gabriel tenía el aura del joven inocente e inalcanzable. Eran todavía las épocas en las que no se preguntaba porque no se notaba, y en las que, si se notaba, era mejor no preguntar.

El silencio de Jodie

Jodie Foster

Apenas tenía 14 años y Jodie Foster ya había sido nominada al Oscar por su papel de Iris, la prostituta adolescente de la película *Taxi Driver,* de Martin Scorsese. Para entonces, su rostro encantador, su mirada llena de inocencia y, sobre todo, sus ojos azules ya habían fascinado a miles y miles de espectadores. ¿Cuál era la razón de que esa joven despertara tanta admiración?

Quién iba a decir que su interpretación de Iris iba a cautivar a tal grado a uno de sus admiradores que, incluso, decidió atentar contra la vida del presidente estadounidense Ronald Reagan, en 1981, sólo para impresionarla.

Sí, un joven llamado John Hinckley se enamoró obsesivamente de la actriz de 18 años y comenzó a rondar su residencia, a buscar por todos los medios una forma de acercarse a ella y a recorrer la universidad en la que Jodie estudiaba para verla de cerca.

Incluso llamó en algunas ocasiones a la casa de la actriz para intentar hablar con ella y poder invitarla a salir. Pero de manera muy correcta, la secretaria de la actriz le respondía: «Lo siento mucho, pero miss Foster no puede contestar su llamada».

Dice Kris Hollington, en su libro *Cómo se hace un crimen de estado* (Ediciones Robinbook, 2009) que el 30 de marzo de 1981, antes de salir de su casa en busca de Reagan, Hinckley le escribió una carta a su amada Jodie Foster.

> Como bien sabrás a estas alturas, te quiero muchísimo. En los últimos siete meses te he dejado miles de poemas, cartas y mensajes de amor con la vana esperanza de despertar tu interés por mí. Aunque hemos hablado por teléfono un par de veces, nunca he tenido el valor de acercarme a ti y presentarme. Además de mi timidez, sinceramente, tampoco quería molestarte con mi continua presencia. Sé que todos los mensajes que te he dejado en la puerta y en el buzón han sido un incordio, pero creo que era la mejor manera para mí de expresar mi amor por ti.

Apenas unas horas después, en Washington D.C., Hinckley le disparaba a Reagan cuando el mandatario bajaba de su limusina. Luego de ser detenido, un juez dictaminó que el joven, además de estar obsesionado con Jodie Foster, padecía un trastorno mental.

Tras el atentado contra el presidente Reagan, John Hinckley fue internado en un centro psiquiátrico, bajo una intensa supervisión médica. Aseguran que, a pesar de los años y el encierro, Hinckley nunca ha dejado de amar obsesivamente a su actriz favorita.

¿Cuál habrá sido la reacción de Hinckley cuando los medios hablaron de la vida íntima de Foster, el día en que ella decidió «salir del clóset»? ¿Se habrá enterado de que el verdadero amor de la actriz desde 1992 era una productora de cine, Cydney Bernard?

Durante una ceremonia a la que Jodie Foster acudió a recibir un premio a su trayectoria, agradeció a Cydney y la llamó: «Mi compañera en las buenas y en las malas».

Según la escritora española Illy Nes, autora del libro *Las hijas de Adán*, también las mujeres salen del clóset, pero hacer público su lesbianismo les cuesta más trabajo que a los hombres porque sufren la doble discriminación de nuestra sociedad: a las mujeres y a los homosexuales.

El caso de Jodie Foster es uno de los más importantes porque fue la primera actriz conocida mundialmente que no negaba su homosexualidad.

Siempre ha sido una mujer muy reservada en cuanto a su vida privada; por ejemplo, jamás ha querido hablar del padre de sus dos hijos, Charles y Kit, y nunca se ha referido a su propia familia.

Curiosamente, quien hizo la primera alusión a la orientación sexual de Foster fue su propio hermano, Buddy, en un libro que escribió sobre Jodie Foster. De acuerdo con ese libro, Jodie no se había atrevido a declarar su orientación sexual para no despertar la furia de su madre, quien, por otra parte, también era lesbiana. Su padre murió cuando ella era muy pequeña y, entonces, su madre inició una relación con una mujer que la ayudó a criar a sus hijos. Pero hay que decir que cuando Buddy Foster publicó su libro, llevaba 20 años de no hablarse con su hermana.

De vez en cuando, los *paparazzi* y las revistas de Hollywood publican rumores sobre la vida sentimental de Jodie. Hace tiempo publicaron que su relación con Cydney había terminado, y que después se había hecho pareja de la guionista de Hollywood, Cindy Mort.

Sin embargo, lo cierto es que su vida sentimental es de lo que menos le gusta hablar a la actriz, por el contrario, sus temas favoritos son la literatura, pues se graduó en 1985 en la Universidad de Yale, pero, sobre todo, su tema favorito es el cine.

Por alguna razón, es una de las actrices más empáticas de los Estados Unidos, no importa que sus personajes tomen, se droguen o asesinen, porque su público mantiene una enorme simpatía con ella. Dice el crítico colombiano Luis Alberto Álvarez, que Jodie Foster es la otra cara de la moneda del mito de Shirley Temple, ya que es una niña que tiene que ser adulto desde el primer momento, porque le tocó vivir un mundo difícil y adverso: «La imagen cinematográfica de Jodie Foster es la de una niña en la que es absolutamente inútil buscar rasgos de niñez» (*Páginas de cine*, Universidad de Antioquía: 2005).

En este texto escrito en 1977, cuando Jodie tenía apenas 15 años, el crítico opinaba que la actriz se estaba convirtiendo ya en mujer «desde una adolescencia física que ha encubierto su alma de anciana sabia».

Y eso que entonces no se imaginaba que esa actriz jovencísima, llena de coraje, que sabía interpretar personajes con una enorme complejidad psicológica, iba a ganar, en 1991, un Oscar por su personaje de Clarice Starling, una agente del FBI que tiene que enfrentarse a Hannibal Lecter, un médico acusado de canibalismo.

Tienen razón sus admiradores: desde sus primeras películas, hasta hoy, Jodie Foster ha sabido mantener en sus ojos la mirada de la inocencia y de la sabiduría.

Un acto de valor

RICKY MARTIN

ESTIMADO RICKY MARTIN:

¡Muchas felicidades por el anuncio que hiciste por medio de Twitter el 29 de marzo de 2010! Muchísimos fans tuyos se sorprendieron al leer estas inesperadas palabras: «Hoy ACEPTO MI HOMOSEXUALIDAD como un regalo que me da la vida. ¡Me siento bendecido de ser quien soy!». Sin duda, como te lo imaginabas, fue una noticia que ha tenido una enorme repercusión en muchísimos países. Decidirse a hacer una declaración como la tuya requiere muchísimo valor. No obstante, quiero pensar que te encuentras más tranquilo al percatarte de que, afortunadamente, la gente acepta cada vez con mayor naturalidad la vida de los demás.

De alguna manera, has dejado de ser una víctima de las presiones sociales y de los prejuicios. ¿Te imaginas cuántas personas en el mundo no tienen el privilegio de anunciar su orientación sexual con tanta fortuna como tú? ¿Muchísimas personas no sólo no tienen esa suerte, sino que además viven en una continua intranquilidad, ya que hay lugares en donde lo peor que le puede pasar a una persona es ser gay y ser pobre. En México se registran en promedio treinta asesinatos por odio contra homosexuales nada más por el hecho de serlo. De éstos, sólo se aclara el dos por ciento de los casos, porque las autoridades tienen la costumbre de clasificar estos homicidios como «crímenes pasionales». Y eso que sólo me refiero a los crímenes de los que sabemos, ya que naturalmente hay muchísimos casos que no llegan a salir a la luz.

¿Te das cuenta de que un acto de valor como el tuyo ayuda muchísimo a que se respete la dignidad de los homosexuales en general? Muchos actores y compositores se la pasaron toda la vida fingiendo romances con personas del sexo opuesto para no ser juzgados. Tal vez conozcas los casos de Anthony Perkins, Cary Grant o Charles Trenet, quienes sufrieron a causa de que no podían declarar públicamente su homosexualidad.

¿Qué habrán pensado las mujeres con las que has sostenido relaciones muy visibles en todos los medios, es decir, Alejandra Guzmán, Angélica Vale, Rebeca de Alba, la Miss Universo Alicia Machado y la actriz Rachel Bilson? ¿Les habrá sorprendido tu anuncio? ¿O por el contrario, lo tenían claro desde hace mucho tiempo? ¿Tal vez se preguntaban por qué no hacías pública tu orientación sexual? ¿Te sinceraste con alguna de ellas y le hablaste de tus conflictos personales? ¿O por el contrario, continuabas fingiendo a pesar de sus sospechas? Desde hace tiempo, cuando se supo que tus hijos habían sido producto de inseminación artificial, mucha gente comenzó a sospechar, así que hace poco tiempo declaraste que eras bisexual. Finalmente, hace unos días, encabezaste tu declaración con las siguientes palabras: «Les juro que cada palabra que están leyendo aquí nace de amor, purificación, fortaleza, aceptación y desprendimiento. Que escribir estas líneas es el acercamiento a mi paz interna, parte vital de mi evolución.» Cuando las leía, me preguntaba si efectivamente ésa era tu verdadera motivación, ya que da la impresión de que todo es parte de una campaña de publicidad. Ojalá que no sea así, ya que eso sólo significaría que más que la sinceridad, te mueve más la mercantilización. Dicen que había gente amenazándote con publicar fotos comprometedoras, o dicen que te encuentras escribiendo tu autobiografía y que para ello necesitabas ser lo más sincero posible.

Desde el domingo pasado despertaste la expectativa de los 776,112 seguidores que tiene tu cuenta de Twitter cuando escribiste la frase del poeta latino Persio: *Ne te quaesiveris extra*, que significa «no te busques fuera». Al día siguiente, incluiste la famosa frase de Martin Luther King: «Nuestras vidas empiezan a morir el día que callamos cosas que son verdaderamente importantes.» Es evidente que tus asesores estaban pendientes de las reacciones de tus admiradores, puesto que muy pronto sacarás un nuevo disco. A pesar de que aún eres joven (tienes 38 años), tu carrera empezó desde hace muchos años, anunciando en la televisión leche evaporada cuando eras un bebé de ocho meses. A los 13 años ingresaste al grupo Menudo de tu natal Puerto Rico, y desde entonces comenzaste a llamar la atención en toda América. No cabe duda de que tu talento y tu espléndido inglés te abrieron las puertas de muchos países, incluidos los Estados Unidos y España. Sin duda, la pregunta que con más insistencia te hacías junto con tus asesores, era si tus fans te iban a seguir a pesar de tu anuncio. Curiosamente, a la mayor parte de ellos no le importaron tus declaraciones para bien ni para mal. Es cierto que algunos admiradores anunciaron que dejarían de comprar tus discos; no obstante, estoy segura de que prefieres que esas personas no compren tus discos. Por otra parte, seguramente te sorprendieron las declaraciones de unas personas que no compran tus discos ni cantan tus canciones, pero les fascina opinar de todos los temas, me refiero a los representantes de la Iglesia católica, quienes han manifestado mucho recelo por manifestar públicamente tu sexualidad. Les molesta que te sientas «bendecido» por ser homosexual y que te hayas decidido a tener tus dos hijos sin necesidad de una madre. Al contrario de lo que ellos piensan, a mí me parecen dos actos muy meritorios de tu parte.

Finalmente, te vuelvo a felicitar por tu decisión y te mando un beso,

Guadalupe

Hechicero del arte

Jesús Reyes Ferreira

1

No podía faltar entre los artistas de Jalisco el nombre del pintor Chucho Reyes (1880-1977). Hoy hablaremos de sus gallos, sus caballitos y sus flores, hechos de colores y de movimiento. Sobre papel de china, Chucho pintaba angelitos, peces y frutas, y con ellos envolvía regalos que enviaba a sus amigos. Esas amistades recibían una pequeña caja con una tarjetita que decía: «Chucho Reyes Ferreira. Milán número 20» y desenvolvían cuidadosamente su regalo, lo dejaban por ahí porque lo que más los maravillaba eran los bellísimos dibujos que provenían del estudio de la colonia Juárez. Como decía Carlos Pellicer, más que un ejercicio de pintura, las creaciones de Chucho eran un acto de magia: «Ya estos papeles tienen fama universal. Se diría que el artista, en un gesto de orgullo, escogió para trabajar material tan deleznable. Que pintó así 'por no dejar', según modismo tan nuestro».

En los años treinta, Chucho se instaló con sus hermanas María y Toña en la calle de Milán a su llegada de Guadalajara. Ahí iban todos los coleccionistas de arte a preguntar por esos cuadros llenos de colores, hechos en un par de minutos con el trazo virtuoso de su autor. Un día, cuando vio que sus envolturas eran más apreciadas que sus regalos, el artista decidió vender sus papeles decorados. En una ocasión, llegó Helena Rubinstein, la empresaria polaca, a buscar los dibujos de Chucho. Tanto le fascinaron que se llevó más de 100 de sus obras de arte con las cuales decoró sus salones de belleza en muchas partes del mundo. Ahí comenzó la fama de Chucho. Poco después, en 1945, el Museo Fogg de Boston organizó una exposición en la que compartió espacio con Picasso. Chucho decidió mandarle unas marionetas de papel para saber la opinión que tenía el pintor español sobre su trabajo. Picasso no contestó nada, pero puso el regalo sobre su mesa de trabajo, y ahí lo tuvo durante mucho tiempo. Otro de sus grandes admiradores era nada menos que Marc Chagall, el gran pintor surrealista. Chagall había llegado a México invitado por el Inba, y aquí conoció a Chucho. En su casa hizo varios de sus dibujos para el ballet; Chucho, por su parte, pintó varios cuadros inspirados en su obra.

Reyes Ferreira tenía una mirada intuitiva para descubrir la belleza, sabía distinguirla y reproducirla. A pesar de que nunca fue a la escuela, su padre lo educó en casa y cultivó su gusto por la pintura. En su hogar, Chucho comenzó a hacerse de un gusto muy personal. Heredó la profesión de anticuario de su padre; gracias a él supo reconocer los muebles del siglo XVIII, los cuadros de santos del siglo XVII, las lámparas y los jarrones antiguos y hasta los adornos que llegaban en la nao de la China. Dice Inés Amor, la dueña de la Galería de Arte Moderno de la Colonia Juárez, que siempre que iba a comprar antigüedades a la Lagunilla y preguntaba por los precios de las mejores piezas, el vendedor decía: «Ya lo compró Chucho Reyes» (*Una mujer en el arte mexicano*, UNAM, 2005).

En Guadalajara, era un personaje muy conocido, ahí lo visitaban todos los artistas de entonces; a su estudio llegaban

Lupe Marín, Luis Barragán y Diego Rivera, entre muchos otros. Un día llegó un joven pintor llamado Juan Soriano. Chucho lo enseñó a apreciar la belleza, a ver cuadros de los grandes maestros de la pintura, pero sobre todo lo enseñó a disfrutar del arte popular mexicano.

En una ocasión, la policía de Guadalajara hizo una redada en una fiesta gay en la casa de Reyes Ferreira y apresaron a todos los invitados. Entre ellos iban el propio Chucho y muchos de sus amigos. El diario *Las Noticias* del 19 de junio de 1938 publicó que el anfitrión había sido acusado de «invertido, corruptor de menores y organizador de saturnales en su domicilio, sito en el cruzamiento de las calles Ocho de Julio y Morelos». Al otro día, los presos fueron sacados a la calle para que barrieran mientras la gente de Guadalajara los insultaba.

Pero Chucho Reyes fue recibido en México como un héroe por escritores como Salvador Novo y Xavier Villaurrutia, por Carlos Pellicer y Elías Nandino. Aquí lo apreciaron en todo lo que valía. Cuando cumplió 87 años, murió su hermana Toña, y el día de su entierro apareció en la vida del pintor David, un sobrino que se hizo cargo de él. A esa edad, Chucho se fue a recorrer con él toda Europa. Luego de siete años de viaje, regresó feliz a México, siempre con su mirada llena de colorido. Sus primeros cuadros los pintó cuando Porfirio Díaz gobernaba México, y su última obra fue un *Rey Hippie* que pintó en 1975. Me pregunto qué habrá pasado con su casa de Milán 20, llena de cuadros y figuras de papel, de buen gusto y belleza. Tal vez ahí siga Chucho con sus papeles de china, sus ángeles y pájaros de todos colores, tal como lo vio hace muchos años el historiador alemán Paul Westheim: «No es un museo, tampoco propiamente una colección. Es una Jauja de la imaginación artística. Y es el ambiente adecuado, el único verosímil para un hechicero».

Tiempo detenido

JESÚS REYES FERREIRA

2

ANTERIORMENTE ME HE REFERIDO a Jesús Reyes Ferreira, el pintor, el hombre público, el artista que era un símbolo de estatus entre las familias burguesas de los años cuarenta, el gran mito del arte tapatío y el maestro de Juan Soriano y Luis Barragán; he hablado de la eterna leyenda que rodeaba su vida, cuando la sociedad de Guadalajara se horrorizó y lo echó en 1938, y cómo a su llegada a la ciudad de México fue recibido por sus amigos, aunque más que eso eran sus admiradores: Salvador Novo, Xavier Villaurrutia y Elías Nandino, entre muchos otros.

Pero hay otro personaje, no Jesús Reyes Ferreira, sino Chucho, el hombre entrañable que conocí cuando mi madre me llevaba a verlo a su casa de la calle de Milán, y al que continué visitando por años; Chucho, el vecino de mis abuelos, aquel que me llena de nostalgia cada vez que lo evoco y el gran consentido de sus hermanas, Toñita y María, que se desvivían por él.

Cómo me acuerdo de ellas, siempre parecía que estuvieran a punto de ir a misa de 12:00 en el Sagrado Corazón. En las manos tenían unos guantes inmaculados; en la cabeza, un velito del color de los malos pensamientos. Llevaban puesta su acostumbrada pechera blanca, su falda negra hasta abajo del tobillo y, al cuello, lucían un camafeo que no se quitaban ni para dormir. A su lado, estaba la gata Mirasol, como tratando de mirar a un sol resplandeciente. Muchas veces, María y Toñita mandaban a la doncella vestida con su uniforme, con unas tortillitas blancas acabadas de hacer, envueltas en unas carpetitas deshiladas muy bien almidonadas.

Cómo me gustaba ir a la casa de Chucho. Cuando lo saludaba, me miraba desde atrás de sus profundos lentes, heredados de Valle Inclán. Me parecía que me miraba desde lo alto de sus cientos de años, y me sonreía con su sonrisa chimuela. En su casa estaba rodeado de papeles pintados con gallos, Cristos, flores y ángeles, colgados junto con pinturas coloniales, santos estofados, angelitos con y sin alas, leones y caballos de madera, tablas cubiertas con papel dorado, piezas prehispánicas...

Sobre una mesa, en el tapanco de la casa, estaba la esfera número uno, inmensa.

—Chucho, ¿por qué te gustan estas esferas de cristal?

—Porque me gusta que se repitan las cosas, que se repitan las cosas, que se repitan, que se repitan... —me decía muerto de risa.

Las respuestas de Chucho eran frívolas, alegres, pero sobre todo llenas de encanto:

—¿Qué es lo que más te gusta?

—Lo bonito.

—Y, ¿qué es lo bonito?

—Lo que más me gusta.

—Y, ¿qué es lo que no te gusta?

—Mira linda, las cosas feas no hay ni que verlas. Las cosas siempre deben tener su divina proporción. Que nunca se te olvide: la divina proporción. Hay dos cosas que no soporto: la mugre y la vulgaridad.

—¿Por qué las ventanas y las puertas en tu casa están pintadas de amarillo y cubiertas de celosías?

—Porque con esta luz dan ganas de hacer cosas muy buenas y cosas muy malas.

Chucho no tenía fama de ser un hombre culto; no obstante, tenía en sus libreros las novelas de Proust y libros con la obra de Picasso. Pero Chucho era un intuitivo con un inmenso talento para reconocer la belleza

—¿Oye, Chucho, consideras que Picasso es el mejor pintor? ¿Te ha influido?

—No, linda, asómate a la ventana, por ahí pasan mis verdaderos maestros, caminan por las calles pregonando sus mercancías: venden globos, banderitas y dulces de colores. Lo que más me gusta es el arte que hace el pueblo, y no andar leyendo nada de teorías del arte.

Cuántas de las obras de arte de Chucho se han perdido por el material tan frágil en el que pintaba, como el papel de China. Seguramente mucha gente se lo reprochó, y por eso en una entrevista dijo a Elena Poniatowska: «El arte que practico puede ser tan frágil como los materiales que empleo, pero yo lo amo así, pasajero e instantáneo como una pompa de jabón».

Yo lo interrogaba con insistencia:

—¿Qué me dices del amor?

Me respondía con toda la amabilidad del mundo:

—No existe, nosotros lo inventamos.

—¿Qué te obsesiona?

—Entre muchas cosas, el agua. Me encantan las fuentes.

—Platícame de cuando eras joven.

—En Guadalajara estuve muy enamorado de Amelia Rivas, pero murió de tuberculosis; por eso, me gusta pintar niñas muertas. También estuve enamorado de un muchacho que se suicidó con gas. Pero yo no soy hombre homosexual, soy un hombre sensual, por eso me confieso todo los días, soy demasiado sensual. ¿Sabes, linda, que hay más hombres guapos que mujeres bellas? Lástima que cuando se sienten muy guapos, tienen el piso de arriba desocupado.

Cuando salía de su casa, sentía que salía de un sueño lleno de objetos inverosímiles, de ángeles y gallos y Cristos. Ahora que han pasado tantos años (Chucho murió en 1977), siento de pronto ganas de visitarlo y llevarle muéganos, acitrones, merengues y mazapanes de los que venden en la dulcería Celaya. Estoy segura que en la calle de Milán sigue existiendo su casa y que él está adentro, con sus 130 años. Como de costumbre, ha de seguir abriendo la puerta con un cordón larguísimo, sin preguntar quién toca, pues siento que en el mundo de Chucho Reyes no ha pasado el tiempo.

A puertas cerradas

Luis Barragán

El arquitecto Luis Fernández Galiano se refirió con estas palabras de Luis Barragán (1902-1988): «Íntimo y ensimismado, este católico acomodado, refinado y homosexual evitó la vida pública para construir una obra corta, tardía e intensa que traduce la modernidad al paisaje, el clima y las tradiciones de México a través del filtro colonial».

Gracias a sus estudios, sus viajes y su sensibilidad refinada, Barragán logró una mezcla insólita de estilos, de manera tan sutil que nunca se veían elementos que desentonaran con el conjunto. Como resultado de su viaje a Marruecos, en 1951, muchas de sus obras tienen elementos de la arquitectura magrebí; no obstante, nunca dejó de usar los elementos de la arquitectura de su natal Jalisco.

Hay que decir que esa atracción por la arquitectura mediterránea le vino desde muy joven, cuando viajó a España y visitó Andalucía, en 1925. Durante ese viaje, con 23 años, fue a París para poder visitar la «Exposición de artes decorativas e industriales modernas», esa famosa exposición en la que se presentó el Art déco por primera vez. Lo que más llamó su atención fue una fotografía en la que se veía un jardín bellísimo, diseñado por el pintor Ferdinand Bac. Fue tanta su emoción que decidió ir a buscar a Bac, un viejo amigo de Marcel Proust, Gabriel D'Annunzio y de la condesa de Noailles. Bac era entonces un hombre de más de 70 años, completamente inspirado e interesado en el futuro de la arquitectura. Entre ambos nació una amistad que hizo que Barragán se convenciera de la importancia de la arquitectura del Mediterráneo. Curiosamente, la gloria mundial de Barragán pasó de largo por su tierra natal. Cuando se cumplió su centenario, entonces sí el Congreso de Jalisco lo nombró «hombre ilustre». Qué curioso que la derecha homofóbica sea la que haya consagrado a Barragán en su estado natal, como dice Guillermo García Oropeza, en una magnífica semblanza titulada *Barragán, Barragán:*

> Al convertir a Barragán en ilustre, Guadalajara no sólo intenta hacerse perdonar la indiferencia con que lo trató en vida, sino recuperarlo también para sus glorias locales como ha hecho con Orozco, Rulfo y Arreola. Pero una importante ganancia adicional de la recuperación de Barragán sería la de tener, por fin, un creador ilustre de la derecha y miembro inobjetable de 'la gente conocida'.

Mucho antes de que fuera declarado «hombre ilustre», Barragán ya había sido reconocido en todo el mundo. Había fundado su despacho, había proyectado las Torres de Satélite con Mathias Goeritz, y había sido ya mundialmente reconocido gracias a su exposición en el Museo de Arte Moderno de Nueva York, en 1976. Barragán provenía de una familia muy conservadora y católica (era familiar de Efraín González Luna, uno de los fundadores del PAN), y cuando ideó el trazo del Pedregal de San Ángel, quería que las grandes residencias de la colonia estuvieran rodeadas de altísimas bardas de piedra volcánica para que, al recorrer la colonia, se tuviera la sensación de atravesar por un enorme laberinto.

Desde 1947 vivió en su bellísima casa de Tacubaya, una especie de monasterio para un solo hombre. Una de las leyendas en torno a la vida de Barragán fue su soledad. Hubiera sido impensable llevar una vida abierta, así es que Barragán se construyó su propia historia: el eterno don Juan que enamora a cientos de mujeres, pero que nunca se casa y prefiere vivir en la soledad entregado al arte. Fue tan verosímil el papel que se construyó, que llegó a confundir a amigos y biógrafos.

Respecto a su amigo, Juan Soriano decía: «Luis Barragán nunca se casó. Tuvo como cien novias, las divorciaba y luego no se casaba con ellas. Además, divorció a una hasta por la iglesia. Fue a Roma para casarse con ella, pero antes de llegar me habló para decirme: 'Dile que ya lo pensé bien y que hice muy mal en no decírselo, la quiero con toda el alma pero no me voy a casar con ella'. ¿Y yo por qué se lo voy a decir? 'Porque tú eres su amigo y la quieres mucho'. Sí, pero tú la quieres más, así que díselo tú.»

El arquitecto Andrés Casillas, que lo trató mucho tiempo, le preguntó: «Maestro, ¿cómo es que siendo tan católico hace sufrir tanto a las mujeres?» Y Barragán le respondió: «Es que yo pertenezco a la Iglesia en calidad de pecador». La vida íntima de Luis Barragán es como una discreta casa con las puertas cerradas.

Retrato

FRANCIS BACON

Una noche de 1964, un ladrón irrumpió en la casa del pintor irlandés Francis Bacon (1909-1992). Pretendió entrar con el mayor sigilo posible, por una pequeña ventana trasera. Cuando estaba más seguro de que nadie lo había escuchado, Bacon apareció, prendió la luz y le dijo: «Veo que como ladrón eres muy malo. Vamos a ver qué tal eres como amante. Te espero en mi cama… ven y tendrás lo que quieras». Esa noche, Francis Bacon y George Dyer iniciaron una relación pasional, tormentosa, pero sobre todo masoquista.

Para entonces, Bacon ya era un pintor realmente célebre, sus obras habían trascendido las fronteras de su país; sin duda, le gustaba gozar de su éxito y trabajaba para consolidarlo. Lo único malo era que lo hacía sin importarle lo que sintiera George, pues embelesado con su propia obra no se enteraba de las depresiones que continuamente rondaban a su amante.

Obsesivo como era, Bacon pintaba autorretratos con frecuencia; en una ocasión declaró: «Realmente he hecho muchos autorretratos, porque la gente ha comenzado a morirse a mi alrededor como moscas, y no tenía a nadie a quién pintar más que a mí».

También era un profundo admirador de la obra de Velázquez y estaba fascinado con el retrato del papa Inocencio X (1650), por lo que a partir de 1949 comenzó a pintar variaciones en torno de este cuadro. Como dijera el propio Bacon sobre su ídolo: «Velázquez era probablemente el hombre más refinado que había en la corte de la época del Rey Felipe IV». Pero también George posó para varios de sus cuadros, el más famoso de ellos es el que pintara en 1968: George Dyer en un espejo. Como en todos los cuadros de Bacon, su amante se percibe desesperado y a punto de estallar. Su pintura toca las fibras más sensibles, por lo que mucha gente se sentía angustiada cuando miraba los cuadros de ese pintor inteligente, sarcástico y feroz. De ahí que cuando le preguntaron a Margaret Tatcher su opinión sobre Bacon, respondió: «Ah, el artista que pinta esos cuadros horrendos». Sí, la fama de Bacon habría de estremecer a los ingleses.

Siete años estuvieron juntos, siete años en los que Bacon manifestó una profunda incomprensión hacia su amante. No le importó que George tuviera problemas con las drogas, ni verlo sumido en profundas depresiones. En 1971, mientras inauguraba la que fue quizá la exposición más importante de su carrera, en el Grand Palais, de París, se enteró de que George se acababa de suicidar en Londres.

¿Cómo reaccionó Bacon ante esta noticia? Es muy difícil saberlo, ya que su carácter tan despiadado le impedía hacer confidencias. En todo caso, lo que más le fascinaba era burlarse de todas las situaciones. A George, muchas veces lo insultaba en público, no obstante que lo veía sumido en la tristeza. Lo que más le gustaba a Bacon era reunirse con sus amigos a burlarse de Inglaterra y de los ingleses. Su amigo, el novelista David Plante, relata el tipo de historias que le gustaba narrar:

Vaya, me gusta un poco de maltrato físico de vez en cuando. Tenía un amigo —que al final se suicidó— que tenía una colección de látigos y la guardaba en mi casa. Hace un tiempo, llevé a una persona que dijo que le interesaban los látigos y se la enseñé. Pues bien, me desnudé y me puse mis medias de red negras y comenzó a golpearme. Pero se entusiasmó tanto que no podía parar. Y yo soy un perfecto cobarde. Así como estaba, salí corriendo a Reece News.

Ciertamente, le importaba muy poco lo que los demás pensaran de él. En una ocasión, la reina le ofreció un título nobiliario, pero lo rechazó. No le interesaba el lujo ni la celebridad. A pesar de que sus obras alcanzaban con el tiempo cada vez mayores precios, él seguía viviendo en el mismo departamento feo y pequeño de South Kensington, en Londres. Dicen que si no hubiera sido pintor, se la habría pasado en la ruleta, tomando champaña y enamorando jóvenes.

Pero quizá, también pintaba para encontrarse a sí mismo. Si algo le gustaba a Bacon era recordar: «Creo que los artistas están más próximos a su infancia que los demás. Permanecen más fieles a sus sensaciones. Otros cambian por completo, pero los artistas tienden a conservar el modo de ser que tuvieron desde niños». Le gustaba estar cerca de los recuerdos más bellos de su infancia, pero por otra parte, no podía huir de los recuerdos más horribles. ¿Esos cuadros tan agresivos que caracterizan su obra no serían al mismo tiempo una forma de representar los horrores que presenció cuando se declaró la Independencia de Irlanda en 1920? De niño le tocó enterarse de cómo una banda de pistoleros asesinó en Dublín a 14 agentes británicos, mientras dormían o desayunaban. Dicen muchos críticos que estas escenas de gente acribillada en las calles de Dublín están presentes en todos sus cuadros.

Bacon es actualmente uno de los pintores más cotizados a nivel mundial. En 2008, la casa Sotherby's de Nueva York vendió el *Tríptico 1976* en 86 millones de dólares. En esta obra se puede ver la horrible secuencia del suicidio de George. ¿Quién le hubiera dicho que su muerte inspiraría una de las obras más preciadas del mundo?

Mil años y trece tías

Juan Soriano

«Trece tías presiden los recuerdos de mi infancia. Trece tías vestidas de negro que caminaban lentamente a lo largo de extensas habitaciones llenas de muebles austriacos. Siempre tenían el aire de estar posando para invisibles fotógrafos. Me tenían atemorizado con sus historias de aparecidos, de guerras (¿cuáles guerras?) y leyendas extrañas. Me hablaban continuamente de la Independencia, del Imperio y la Reforma. Pasaban bordando sus días, juntas las trece, como arañas, en un enorme bastidor. Mientras, yo me entretenía pintando sirenas, caracoles, rosas y magnolias muertas. Creo que todos los provincianos tenemos trece tías más o menos enlutadas que viven fuera del tiempo, amparadas por relojes que dan unas horas rarísimas porque siempre están descompuestos».

Con estas palabras comienza el maravilloso libro *Juan Soriano, niño de mil años*, de Elena Poniatowska (Plaza & Janés, 1998), una extensa entrevista con el entrañable pintor de Jalisco. Ahí aparece Soriano de cuerpo entero, y habla de su familia, con su personalidad tan magnética e interesante, pero sobre todo el libro nos revela a un gran narrador. Cuánta nostalgia despierta este libro por las divertidísimas anécdotas de Juan y las historias de su madre, sus hermanas y sus miles y miles de tíos y primos. Por la Guadalajara de los años treinta, por esa ciudad tan tranquila en la que vivían grandes artistas. Paradójicamente, era una ciudad llena de represión, «una olla hirviente de sexo», como le dijo a Elena.

Su familia pedía a Juan que eligiera una esposa, pero él, que ya tenía claras sus preferencias sexuales, se rebelaba. No obstante, se daba cuenta de las mismas inquietudes en muchos de sus amigos, sólo que en ellos ganaba la represión y el miedo al «qué dirán».

Por entonces, en la ciudad había un pintor y anticuario muy respetado, un joven de una sensibilidad refinadísima y de un talento fuera de serie: Chucho Reyes. Ahí llegó Juan, muy joven, ahí conoció a Giotto, a Vermeer y a Brueghel, pero sobre todo ahí se dio cuenta que todo su talento no era ni extravagancia ni desgracia, sino un don. Qué diferencia el trato que le daba Chucho, además de los consejos acerca del arte: «El mundo de las esperas todo lo transforma y lo poetiza».

Qué divertido habría sido estar con Juan durante sus expediciones al cerro del Tepozteco con Carlos Pellicer. Cuando el gran poeta tabasqueño invitaba a muchos jóvenes a su casa en Tepoztlán y los hacía sentirse como en la antigua Grecia, hablando de los montes y de las ciudades en donde vivieron Aristóteles y Homero. Hablaba del estrecho de Corinto y de las obras de Esquilo como si las hubiera presenciado. En las mañanas, despertaba a sus invitados y les gritaba: «¡Jóvenes efebos, de pie!», para llevarlos a nadar antes de ascender al Tepozteco. Pero también iba a las fiestas de María Izquierdo, con Xavier Villaurrutia, Nellie Campobello, Josefina Vicens y Luis Cardoza y Aragón.

Entonces idealizábamos la vida de bohemia. La presencia de Antonin Artaud nos hizo creer que en el alcohol y en otros excesos se hallaba la verdad; que en una orgía se descubrían muchas certezas esenciales.

Al mismo tiempo cuánto sufrimiento tuvo que pasar Juan a causa de la doble moral de entonces. El pintor español Diego de Mesa fue pareja de Juan por mucho tiempo: «Diego consideraba nuestra relación pecaminosa porque era homosexual y la homosexualidad es pecado mortal. Diego se escondía. Me hizo sufrir».

Por el contrario, a Juan nunca le gustó esconder su homosexualidad, y el primero en enterarse fue su padre, el viejo combatiente de la Revolución. Aceptarse en esos momentos era de lo más difícil: «De los 20 a los 40 sentí una necesidad enorme de no existir, pero sin morirme. Tenía deseos de no ser responsable y caía en lo mismo: insultar, pegar, decir incoherencias, buscar salidas».

Pero en 1956 se fue a Roma acompañando a Diego, quien comenzó a trabajar en la FAO. Ahí comenzó otra vida. ¡Cuánto le impresionó Italia, Juan sentía que era lo más entrañable que tenía! Se dio cuenta entonces de cómo el arte italiano era el origen de todo lo que le gustaba, era el centro del arte más maravilloso. Cuando caminaba por las calles de Roma sentía que se iba a encontrar con Dante o con Leonardo da Vinci. Fue entonces que conoció finalmente Grecia, ahí cambió su mirada. Ahí maduró de un salto, como si fuera un milagro. Tal vez, Juan se preparó muchos años como pintor para poder captar la belleza de Grecia, la belleza de su arte…

El último capítulo de la vida de Juan es también el más emotivo: su historia con Marek, su compañero desde 1975, con quien vivió sus últimos 30 años. Eran amigos, compañeros, cómplices. «Antes de conocer a Marek yo vivía en un manicomio», dijo Juan a Elena. Marek lo ayudó a ordenar su vida, lo ayudó a organizarse y sobre todo a salir adelante.

Este pintor que vivió 85 años de plenitud y que nunca perdió el asombro de niño, murió el 10 de febrero de 2006.

Mr. Misterio

ANDY WARHOL

¿QUIÉN ES ANDY WARHOL (1928-1987)? He aquí la respuesta que dio el propio artista: «Si quieres saber todo acerca de Andy Warhol, mira la superficie de mis cuadros y mis películas, y ahí estoy. Detrás de ello no hay nada». Esta respuesta es el inicio de todo tipo de aventuras en torno a una de las obras más complejas y arriesgadas del siglo XX. Con razón, Henry Heldzahler, curador del Museo Metropolitano de Arte de Nueva York, lo llamaba Mr. Misterio.

Warhol es uno de los artistas más conocidos del siglo XX, pero paradójicamente uno de los más incomprendidos. La famosísima litografía con 32 latas de sopa Campbell's que realizó en 1962 dejó en el desasosiego a los espectadores. No sabían si se trataba de un elogio de la sociedad de consumo, una gigantesca tomadura de pelo, o una ofensa a un público que necesitaba emociones más íntimas y que al acercarse a este tipo de arte se sentía desilusionado. Frente a las latas de sopa, los críticos decían: «Claro, si Gauguin pintó plátanos y Jean Baptiste Chardin pintó duraznos, manzanas, granadas y uvas, es justo que hoy se pinte la comida de nuestros tiempos». Warhol no tenía interés en explicar sus motivaciones y sus comentarios eran vagos.

Lo que estos críticos no se imaginaban, era que la infancia de Andy transcurrió entre el olor de esas latas, porque su madre, Julia Warhola, tenía la alacena llena de sopa Campbell's y que a veces, cuando terminaba de cocinar, cortaba una de esas latas y la convertía en una flor de metal. Que una marca sirva como recuerdo familiar, es una forma de borrar la frontera entre la publicidad y el arte. Esta lata llena de recuerdos, tiene la misma función que la *madeleine* que Marcel Proust remoja en su té y que lo lleva a visitar su infancia. Cuando Warhol recordaba esa lata, con seguridad recordaba la gran ausencia de su vida, la de su padre, Andrij Warhola. Andy era muy niño cuando su padre murió. Desde entonces, su madre le contaba cómo habían salido de su natal Eslovaquia para buscar una oportunidad en Pittsburgh. La muerte de su padre afectó muchísimo a Andy. Desde entonces evitó hablar de la muerte y nunca más volvió a ir a ningún entierro.

Andy tenía una piel muy clara y un pelo tan escaso, que a los 30 años era casi calvo, por lo que tuvo que recurrir a una peluca. Por si fuera poco, sufrió de una rara enfermedad llamada Corea de Sydenham, que además de provocarle convulsiones, afectó la pigmentación de su piel. Todos esos factores hicieron de Warhol un hipocondriaco. Su forma de ser y su apariencia extravagante eran, en el fondo, una forma de luchar contra sus inseguridades, así como una forma de cautivar. Andy tenía la obsesión de ser aceptado, ¿y qué otra función tiene la publicidad que hacer que los productos sean aceptados? Quizá vio que los estadounidenses tenían la publicidad en su corazón, y por eso llegó a decir: «Comprar es más americano que pensar».

Nunca disimuló su homosexualidad, le gustaba tener amigos travestis y se rodeó de celebridades. Actores, cantantes y personalidades sabían que si los elegía para aparecer en sus obras de arte, adquirían otra categoría. Por eso políticos y artistas, escritores y músicos iban a la dirección más famosa de Nueva York: 231 East 47th Street, quinto piso, donde se encontraba The Factory, el estudio de Warhol. Ahí decidía quién sería la próxima celebridad, trabajaba en sus películas, pintaba o esculpía. En sus fiestas se consumían anfetaminas y se hablaba de política, chismes y moda. Como dijera Vito Giallo: «A Andy le gustaban los chismes, a mí también. Nunca hablábamos de arte, sino de la gente y de fiestas, y de quién sale con quién. Le gustaba hablar sobre hombres, sobre cuál era sensual, cuál tenía buen cuerpo, y cómo le gustaba el sexo o su forma de vestir. Yo creo que Andy realmente se excitaba hablando sobre eso». No obstante, cuando le preguntaban sobre su vida sexual, prefería dejarlo a la fantasía. Aunque dijo que no creía en el amor, tuvo una relación con el artista Jean Michel Basquiat, aunque no se sabe exactamente en qué consistió y si llegó a ser un amor sexual. Sin embargo, a Basquiat le afectó tanto la muerte de Warhol, que murió dos meses después, a los 27 años, de una sobredosis de cocaína.

Con su peluca plateada, sus jeans ajustados y sus lentes oscuros, parecía que tenía las respuestas para toda una generación. Tal vez quienes lo buscaban tenían algo qué preguntarle. Y él los esperaba con las manos vacías. Su libro más conocido se llama *Mi filosofía de la A a la B,* y por esa causa no contiene respuestas a la mayor parte de las preguntas. De alguna manera, desenmascaró la publicidad porque se dio cuenta de que siempre promete cumplir los deseos, pero no los satisface del todo. ¿Se habrán dado cuenta los admiradores de Warhol que cuando iban a sus exposiciones, en realidad eran ellos los que estaban siendo exhibidos junto con todos los vacíos de su época?

El arte de Yves

YVES SAINT LAURENT

1

NO PODÍA IRME DE PARÍS sin ver la primera retrospectiva dedicada a un modista, el gran diseñador francés Yves Saint Laurent, expuesta desde el 11 de marzo en el Petit Palais. Sabía que en esta exposición se encontraban los 300 modelos más representativos de sus colecciones. Como dijo una de sus modelos, hoy la gran promotora para llevar a cabo esta manifestación, Carla Bruni-Sarkozy: «Yves Saint Laurent revolucionó la moda: supo crear un universo genial, vivo, perturbando los conformismos y los convencionalismos. Con él, el arte se convertía en moda y la moda en arte». Por ello, su compañero de toda la vida, Pierre Bergé, quiso rendirle un homenaje no nada más al creador muerto en junio del 2008, sino a su vida en común.

—Vamos, Pável, para que descubras a un genio —le dije a mi compañero de viaje, a pesar de que faltaba una hora para que cerraran el museo.

Basta atravesar las puertas del museo de estilo 1900 de las Bellas Artes de París, para sentirse en un gran teatro. Cada una de sus salas pletóricas de vestidos, capas, sombreros, trajes sastre, chales, turbantes, smokings y abrigos de pieles, eran impresionantes.

—Mira Pável, ahí está el primer vestido de noche que diseñó en 1955 para Christian Dior; la modelo que lo llevó por primera vez fue fotografiada por Richard Avedon, en medio de muchos elefantes; mira, su famosísimo vestido que diseñó como homenaje a Mondrian. ¿Qué me dices de su fotografía tomada en 1971 donde aparece totalmente desnudo? Mira, aquí está al lado de su musa, Catherine Deneuve. ¿Que por qué hay tantos vestidos negros? Porque era su color predilecto. ¿Ya viste ese vestido de corte trapecio?; ¿no te encanta ese vestido de leopardo? —le preguntaba al pobre de Pável, quien parecía, más que interesado, apabullado frente a tantas maravillas.

Pero, ¿quién fue Yves Saint Laurent?

«El único artista de verdad que hay en Francia», dijo en una ocasión Andy Warhol. Sin duda, el pintor estadounidense se maravilló por la creatividad y la ambición artística que tuvo la obra de quien es considerado el mejor modista de la segunda mitad del siglo XX. Con cuánto asombro se pasearía Warhol por las salas del Petit Palais para admirar las combinaciones cromáticas más arriesgadas, la forma en que tomaba elementos de cualquier cultura para transformarlos en símbolos de máxima sofisticación y elegancia, pero, sobre todo, de cómo influyó en la forma de ser de las mujeres del siglo XX. ¿Quién se hubiera atrevido a pensar a mediados de los años sesenta, que los pantalones iban a dejar de ser una prenda exclusivamente masculina? Antes de 1969, los restaurantes estadounidenses prohibían la entrada a las mujeres con pantalones. Pero ese año, Saint Laurent convirtió los pantalones en una prenda femenina; por entonces dijo: «Sólo lamento no haber inventado los *jeans*. Tienen las cualidades que yo intento dar a mi ropa: simplicidad, modestia y seducción».

Para muchos fue escandaloso que diera a la mujer los atributos de poder reservados para el hombre: los pantalones, el smoking, la chaqueta, la ropa de safari, la mezclilla. De la misma manera, no toda la gente aceptaba que las culturas africanas u orientales sirvieran de inspiración a uno de los más importantes representantes de la *haute couture,* como tampoco aceptaban que se inspirara en la forma de vestir de las clases bajas. No obstante, a Yves le pareció muy interesante ver a los jóvenes londinenses que habían adoptado la moda *beat,* típica del rebelde sin causa, y la transformó en una de las modas más exitosas: las chaquetas de cuero, los guantes negros, los lentes oscuros y las botas. ¿Quién iba a decir que esta moda se haría clásica? Como dijo el diario *El País* cuando murió el diseñador: «Yves Saint Laurent dio a las mujeres pantalones para que caminaran hacia la libertad».

Quizá lo más paradójico del imperio de Saint Laurent es que las mayores ganancias provienen de un perfume inspirado en sus viajes a Oriente, *Opium,* lanzado en 1977. Resultó un éxito tan grande, que se veían filas enormes de compradores en las principales ciudades del mundo. Así como en su ropa se dejaba seducir por las culturas lejanas, *Opium* es también el resultado de todo lo que le evocaba el Oriente y, en especial, China. El perfume fue creado por Jean Amic y Jean-Louis Sieuzac y, aunque el nombre fue polémico (en Australia estaba prohibida su venta), le dio un éxito inmenso.

Pero no todos sus trabajos fueron celebrados, algunos fueron fuertemente criticados, como su serie de modelos inspirados en la moda de los cuarenta. Para los franceses, esa moda recordaba los días de la ocupación alemana y lo hacía sospechoso de celebrar a los nazis. Era una crítica absurda, ya que Yves había nacido en Orán, Argelia, y para él los años cuarenta no tenían esa misma connotación. Este tipo de críticas lo afectaban terriblemente. Incluso lo obligaban a encerrarse, a beber e inhalar cocaína. ¿Cómo no iba a tener serios problemas de salud si bajo su responsabilidad estaba una de las mayores empresas de Francia y debía presentar dos colecciones al año? Con toda razón, tenía sobre su escritorio una frase de Proust: «La familia magnífica y lamentable de los nerviosos es la sal de la tierra. Son ellos y no otros quienes fundaron las religiones y han sido los jefes de obra».

Yves fue un artista que tenía una mirada sensible y educada. Cuando su madre le regaló un libro sobre Mondrian, se emocionó a tal grado con su obra que decidió estamparla en un vestido. De ahí proviene uno de los vestidos más famosos de la historia. Cuando lo hizo, aún no tenía dinero para comprar un Mondrian, pero con los años hizo una gran colección. Un día, Yves dijo a un reportero: «Los vestidos son objetos bellos que desaparecen de mi vida, pero los reencuentro sobre las mujeres mucho tiempo después, ocho, diez años después... Cosas maravillosas que yo no recordaba del todo haber hecho».

Cómplices eternos

Yves Saint Laurent

2

El novelista Anthony Burgess dijo sobre el diseñador Yves Saint Laurent: «Si él tiene una religión, su divinidad es sin duda la mujer». Desde muy joven, en su natal Argelia, su carácter nervioso lo hizo sufrir. Cuando era niño, sus compañeros de colegio lo acosaban por ser tan delicado y porque le encantaba vestir muñecas y marionetas. Lo mismo le ocurrió cuando hizo el servicio militar. «Ser homosexual en Orán equivalía a ser como un asesino. Nunca hablé de esto con mis padres, sin embargo, mi madre sí sabía quién era realmente yo», confesó Saint Laurent en una ocasión. Desde su infancia encontró una cómplice que lo comprendió toda su vida, su madre, Lucienne Saint Laurent, mujer bella, pero sobre todo muy elegante, a la que le gustaba sorprender a su hijo con sus vestidos. Desde siempre supo que su hijo era especial, un ser diferente y al que era necesario comprender y cuidar. El primer novio que tuvo Yves fue un albañil argelino, Boualem. Dicen que a Brigitte, la hermana menor de Yves, se le hacía particularmente extraño que estuvieran tan juntos. Un día, se le acercó a su madre y le preguntó la razón. Entonces Lucienne le dijo: «Tu hermano, en esto, se parece al sexo de los ángeles».

A los 17 años, Yves pudo llegar a París, apoyado por su madre, para estudiar diseño de modas, ya que su padre, el abogado Charles Mathieu, quería que Yves tuviera la misma carrera que él. Su enorme talento hizo que viera atrasado y aburrido todo lo que le enseñaban sus profesores, así es que decidió hacer su propio camino y un día se presentó con sus diseños ante Michel de Brunhoff, director de *Vogue*. Además de publicarlo en su revista, Brunhoff lo presentó con Christian Dior, quien quedó fascinado con su talento. Rápidamente ascendió en esta marca, y poco tiempo después, cuando murió Dior, en octubre de 1957, Yves se convirtió en el modista en jefe de la Casa Dior. Su primera pasarela tuvo un éxito rotundo, al grado de que salvó a Dior de sus problemas económicos. Pero, en 1960, fue llamado al servicio militar a Argelia y, al volver a París, ya había sido sustituido por Marc Bohan.

Para entonces ya había aparecido en su vida Pierre Bergé, el compañero de toda su vida. Pierre había nacido en Oleron, una pequeña isla de la costa atlántica. A los 18 años, apenas terminó el bachillerato, se dirigió a París. ¿Quién diría que el día de su llegada presenciaría el intento de suicidio de un poeta? Cuando iba por la calle, vio a Jacques Prévert caer de una ventana. Tal vez la impresión de ver a un poeta en ese estado lo acercó a la literatura. En el verano de 1951, a Saint Laurent se le ocurrió una de sus excentricidades que sin duda lo pintan de cuerpo entero: una vez que terminó de leer Madame Bovary, se dio a la tarea de transcribirla completita. En tinta roja y con una caligrafía impecable, reescribió la obra maestra de Flaubert. Era tal su obsesión, que entre cada párrafo ilustró las escenas de Emma en acuarela, con sus vestidos de noche, sus capas, sus gorritos y chales de seda, tal como la describe el escritor.

Respecto a su preferencia sexual, uno de sus recuerdos más dolorosos fue el día en que recibió la Legión de Honor: «Con mi listón rojo en mi solapa, no sé por qué, de pronto me topé con mi padre. Estábamos solos. Me puse a llorar y le dije: 'Papá, tú sabes quién soy. Quizá hubieras querido haber tenido a un verdadero varón para que llevara tu nombre'. Y me dijo: 'Créeme, mi querido hijo, que no tiene la menor importancia'. Éste, el único diálogo que sostuve con mi padre, sucedió en 1985».

Pierre e Yves se conocieron en 1958. La noche en que Yves presentó su primera colección para la Casa Dior; desde entonces se dio cuenta de que estaba frente a un talento fuera de serie. Se saludaron esa noche y desde entonces estuvieron unidos. Pierre se sentía el descubridor de Yves, su Pigmalión, pero, sobre todo, pensaba que tenían que poner su relación profesional por encima de su relación personal. No importó que se pelearan, que dejaran de vivir juntos o que se reconciliaran, siempre mantuvieron una relación «mezcla de amor, dependencia y posesión», como escribió Eugenia de la Torrente (*El País*, 22 de junio de 2008). Pero lo más importante es que juntos crearon la casa YSL, las iniciales más famosas de la moda, con el dinero de una demanda ganada a Dior por daño moral.

Por cuarenta años mantuvieron la empresa hasta que Yves decidió terminar su carrera en 2002 con una pasarela muy emotiva, en la que estuvo acompañado por una mujer que fue su inspiración, Catherine Deneuve. Yves fue quien la vistió en la película de Luis Buñuel, *Bella de día* (1966). Pero así como Yves la vistió maravillosamente, ella se convirtió en su modelo de mujer.

Yves y Pierre habían realizado el proyecto de reunir una de las colecciones privadas de arte más importantes del mundo. Cuando Yves murió en 2008, de un cáncer inoperable, Pierre decidió que ese proyecto conjunto se había terminado y subastó el acervo. Nunca una colección privada había alcanzado una cifra tan elevada, pues se vendió en 373 millones de euros. Lo que nadie se imaginaba, era que la devoción de Pierre por Yves era tan grande, que tenía guardados cada uno de los 5 mil diseños que la casa YSL había lanzado a lo largo de 40 años.

Cuando murió Yves, Nicolás Sarkozy y Carla Bruni asistieron a su funeral. Ese día estuvo su madre, Lucienne, así como

Pierre y Catherine. Cientos de personas, afuera de la iglesia de Saint-Roche, también escucharon las últimas palabras que Pierre dirigió a su compañero, en las que lo recordaba como un «cómplice de la mujer».

LOS
DEDOS

Pecado radiante

ARTHUR RIMBAUD

HE AQUÍ A DOS POETAS APASIONADOS, dos poetas que se encontraron en 1871, y dos poetas que se fascinaron por el talento que uno descubrió en el otro. Por un lado, está Arthur Rimbaud (1854-1891), un poeta adolescente, genial y hermoso que ya a los 16 años iba por las calles parisinas mirando con profundo desdén el mundo burgués. A esa edad ya se había rebelado contra el mundo y había comenzado a vestir andrajosamente para espantar a la burguesía. Sus ojos verdes y la belleza de su rostro conquistaba con la misma fuerza con que su talento conmocionaba. Como escribió en un poema, nada le desagradaba más que un burgués con su lomo orondo y fofo aplastado sobre el banco de una plaza, saboreando su pipa de tabaco fino, mientras le habla a sus amigos: «Ya saben, lo compro de contrabando».

Y, por otra parte, se encuentra Paul Verlaine (1844-1896), aquel poeta de quien el crítico francés Albert-Marie Schmidt dijo: «Tiene una personalidad tan compleja como decepcionante», y a quien Tristan Corbière definió como «una mezcla adulterada de todo». Era miembro de la burguesía a la que tanto odiaba Rimbaud, un escritor que había trabajado en el gobierno y que vivía con su esposa Mathilde Mauté, con quien formaba un matrimonio convencional. Bueno, convencional hasta que recibió una carta del joven Rimbaud, con algunos poemas, pidiéndole su opinión. Entonces, Verlaine le respondió con otra carta, entusiasta, invitándolo a su casa para que pudieran conocerse. Entonces Verlaine vivía en casa de su suegro y, en ese momento, su esposa esperaba un bebé. Pero nada de eso le importó cuando conoció a Rimbaud. En cuanto vio la insolencia del joven poeta, su desprecio por el mundo y su indiscutible genialidad, no pudo menos que apasionarse por él sin medir las consecuencias. Abandonó a su familia para ir detrás de ese joven fascinante. Rimbaud le propuso experimentarlo todo, todas las formas del amor, el sufrimiento y la pasión. Para lograrlo, podían permitirse todo: la magia, las drogas, el sexo y el alcohol.

El joven de 17 años, y el poeta casado diez años mayor, comenzaron a verse juntos por París, para escándalo de los transeúntes. Juntos escribieron poemas que escandalizaban a todo mundo. «En aquel café repleto de imbéciles, nosotros dos, / solos, representábamos el así llamado odioso vicio / de gustarnos los hombres», escribió Verlaine. Por entonces, Verlaine decidió abandonar a su mujer y seguir a Rimbaud primero por Londres y luego por Bélgica. Antes de seguirlo, Verlaine le preguntó: «Pero ¿y mi mujer?», y Arthur respondió: «¡Que se vaya al infierno!» Rimbaud escribió por entonces en uno de sus poemas: «Llueve dulcemente sobre la ciudad» y Verlaine contestó con uno de sus bellísimos poemas: «Llora en mi corazón / como llueve en la ciudad, / ¿qué lánguida emoción / entra en mi corazón?».

Así, escribiéndose poemas, viajando por las ciudades pasaron meses. Cómo hablaban de sus vidas… Verlaine le contaba de su padre y de la rígida disciplina que había en su casa, y Arthur le habla de su madre, una mujer conservadora y dominante. Pero, entonces, lejos de ella, Rimbaud se entregó a Verlaine, y se convirtió en su adoración y en el más adorado de sus pecados. Como le decía Verlaine: «Mi gran pecado radiante». Como es natural en estos talentos neuróticos, su relación no fue plácida: muchas veces Arthur se ausentaba y Verlaine caía en la histeria, víctima de los celos.

Dice Enid Starkie, biógrafa de Rimbaud, que Verlaine no podía entrar al mundo de Rimbaud y que eso le causaba angustia: «A veces, incapaz de dormir, se levantaba por la noche y contemplaba desconcertado a Rimbaud dormido preguntándose por qué anhelaba tanto escapar de la realidad, como si los placeres que compartían no le bastaran» (*Arthur Rimbaud, una biografía,* Siruela, 2007). Para colmo, Mathilde acusaba a Rimbaud del mal aspecto que ahora tenía su esposo. Cuando se enteró de que su suegro quería lograr el divorcio, Verlaine fue a llorar ante su esposa y le prometió que dejaría a Rimbaud. Pero no tenía ninguna intención, y sólo fingió que dejaba de verlo.

Este amor terminó mal. En una ocasión Verlaine, víctima de los celos, le disparó a Rimbaud por lo que el poeta pasó dos años en prisión. Al finalizar su encarcelamiento, Verlaine se convirtió al catolicismo y Rimbaud se fue a África, en donde pasó una vida llena de misterio. Los invito a leer los versos de Luis Cernuda respecto a este amor entre dos genios franceses: «Corta fue la amistad de Verlaine el borracho / y de Rimbaud el golfo, querellándose largamente. / Mas podemos pensar que acaso un buen instante / hubo para los dos, al menos si recordaba cada uno / que dejaron atrás la madre inaguantable y la aburrida esposa. / Pero la libertad no es de este mundo, y los libertos, / en ruptura con todo, tuvieron que pagarla a precio alto».

Amor sin nombre

Oscar Wilde

Oscar Wilde (1854-1900) tenía 36 años, su dentadura estaba casi deshecha y, por si fuera poco, estaba pasado de peso no obstante medir poco más de 1,80 metros. No obstante, era entonces, en 1890, uno de los autores de más fama en Inglaterra. No hay que olvidar que ese año apareció *El retrato de Dorian Gray.* Por entonces, Wilde llevaba la doble vida de los escritores gays de aquellos años: por un lado, una familia respetable y, por el otro, discretas aventuras con jóvenes. Además, Wilde llegó a tener relaciones más o menos estables, como fue el caso de John Gray, joven poeta a quien amó con intensidad. Dicen que Gray tenía una enorme sensibilidad y era muy atractivo. Era tanta la fascinación que despertó en Wilde que lo tomó como modelo para su famosa novela. No obstante, John se fue distanciando de Oscar, y con el tiempo decidió ordenarse como sacerdote. Otro de los jóvenes poetas homosexuales cercanos a Wilde era Lionel Johnson, pero de él puede decirse que tenía una enorme represión sexual. Por eso lo unía con Wilde una especie de fascinación, pero al mismo tiempo sentía un miedo enorme. Un día, Lionel le platicó a Oscar acerca de un joven algunos años menor, que era su compañero en Oxford. Este joven era el tercer hijo del Marqués de Queensberry y se llamaba Alfred Bruce Douglas, pero le decían Bosie.

El día en que Lionel llegó con Bosie a la casa de Wilde, éste último quedó perdidamente enamorado. Toda la belleza que soñaba estaba en ese joven rubio de 20 años, aprendiz de poeta. Aunque Bosie sintió una gran emoción al conocer a Wilde, no sintió el mismo flechazo. Lionel quedó feliz de haber presentado a dos sensibilidades tan exquisitas y refinadas; lo que no se imaginaba era que poco a poco se desarrollaría un enamoramiento entre ambos. Cuando Lionel se dio cuenta, se horrorizó y se alejó de sus amigos. Pero no ocurrió lo mismo con las demás amistades de la pareja; por el contrario, Oscar y Bosie despertaban una curiosidad casi morbosa entre poetas, pintores, músicos y demás artistas de Londres.

Al principio, Wilde no sospechaba que Bosie carecía del carácter apacible que aparentaba. Poco a poco comenzó a mostrarse caprichoso y grosero. Pero también es cierto que se habituaron el uno al otro y que pasaron días apacibles y felices. Después de un tiempo, Wilde se hartó del joven y le sugirió que se fuera de Inglaterra.

Para muchos, Bosie es el malo de la historia, el joven frívolo que abandonó a su enamorado cuando su relación se puso al descubierto. Y luego fue el hombre que quiso hacer creer que nunca ocurrió nada con Wilde. Por eso escribió un libro en el que decía: «Lo defendí sólo en un principio, porque lo creía inocente». Pero el escritor español Luis Antonio de Villena, en el prólogo a las *Cartas a Lord Alfred Douglas* (Tusquets), le da una nueva oportunidad a Bosie. Es cierto que mucho tiempo Bosie habló mal de Wilde, pero al final de su vida volvió a defenderlo. Hay que decir que cuando comenzó el juicio que llevó a la cárcel a su amante, Bosie hizo todo por ayudarlo. Tampoco hay que olvidar que Wilde tenía muy restringida su comunicación desde la cárcel y que cuando le dieron a elegir, prefirió mantenerse en contacto con su esposa, así es que no supo todo lo que hacía Bosie por él.

Qué bonitas cartas escribía Wilde a su amado. Leamos la que escribió en enero de 1893: «Mi muchacho: Tu soneto es absolutamente delicioso, y es un portento que esos labios tuyos, rojos como pétalos de rosa, hayan sido hechos tanto para la música o el canto, como para la locura de los besos. Tu alma delgada y áurea camina entre la pasión y la poesía».

Por desgracia, las cartas fueron a parar al padre de Bosie, fue al hotel donde estaba Wilde y le dejó una nota con una de las faltas de ortografía más famosas de la historia: «A Oscar Wilde, quien se las da de sondomita». Wilde se enfureció y decidió presentar una demanda por calumnia contra el padre de Bosie. Pensaba que podía ganar un juicio gracias a su popularidad y su ingenio, pero los sucesos cambiaron y el Marqués de Queensberry logró demostrar sus acusaciones. Wilde fue condenado a dos años de trabajos forzados. Cuando salió de la cárcel estaba irreconocible; tuvo que abandonar su país y buscó refugio en París. Ahí también lo buscó Bosie, quien tenía ya 27 años; pero esa última etapa juntos la pasaron llenos de aburrimiento.

Durante el juicio contra Wilde, el fiscal le preguntó: «¿Cuál es el amor que no puede decir su nombre?». A lo que Wilde respondió:

El amor que no puede decir su nombre es un gran cariño entre un hombre mayor y uno más joven, como el que existió entre David y Jonatán, similar al que Platón convirtió en la base de su filosofía. Es ese afecto profundo y espiritual, tan puro como perfecto, que inspira grandes obras de arte como las de Shakespeare y Miguel Ángel, y perdura en ellas. Pero en este siglo ha sido mal interpretado, tanto es así que se describe como el amor que no puede decir su nombre, y por él me encuentro en el lugar donde estoy.

Contra la costumbre

André Gide

La vida del escritor francés André Gide (1869-1951) fue
un largo camino para encontrarse a sí mismo. El Premio Nobel
de Literatura de 1947, el crítico del estalinismo, el viajero que
conoció África y denunció la barbarie del colonialismo, y el
escritor que defendió el derecho al amor homosexual… todo esto fue Gide, además de ser uno de los grandes artistas de
Francia. No obstante, durante parte de su vida mantuvo una
lucha interior para poder conciliar su religiosidad católica con
sus preferencias amorosas. Sus orígenes familiares explican en
gran medida ese carácter tan complejo, pues Gide nació en una
familia muy conservadora de Normandía, al norte de Francia.
Su padre, reconocido abogado, murió cuando él tenía apenas
11 años.

Entonces su madre, una mujer sobreprotectora, decidió
que André tomara sus lecciones con un maestro particular.
Así es que, encerrado en su casa, este niño tan sensible y con

una salud muy frágil, se refugió en la lectura de la Biblia, de la cual sabía de memoria pasajes enteros. Asimismo, en esa casa nació su amor por su prima Madeleine Rondeaux, quien le llevaba dos años. ¿Qué tan auténtico fue ese amor?, ¿se habrá tratado de una manera de evadir sus verdaderas preferencias?, o bien, ¿pretendía convencerse de que sólo ella podía comprenderlo?

Según los biógrafos de Gide, en una ocasión, cuando apenas era un adolescente, descubrió a su prima llorando en el jardín. Luego de interrogarla, ella le confesó que lloraba porque había descubierto una infidelidad de su madre.

André comprendió la tristeza de su prima, y desde entonces sintió por ella una profunda veneración, al grado de que la pidió en matrimonio cuando cumplió 26 años. Pero, ¿podría decirse que André le fue fiel a esta relación? En absoluto. Desde entonces, Gide vivió dividido por la culpa, pues, por un lado, no pudo tener relaciones con su esposa; por el otro, tenía continuas aventuras con jóvenes a los que conocía en sus viajes.

No obstante, hay que aclarar que desde antes de su boda, Gide confesó a Madeleine: «No te deseo. Tu cuerpo me estorba y las posesiones carnales me causan espanto». Hay que recordar que también Oscar Wilde estuvo casado y tuvo hijos, por lo que no era nada raro entonces este tipo de matrimonios.

«Soy pederasta», confesó en su diario, «prefiero a los adolescentes. En este tipo de relación entre un adulto y un joven no sé quién de los dos saca más provecho». Mas, cada vez que Gide tenía una aventura, se arrepentía y se decía a sí mismo que era la última vez, que nunca más volvería a ocurrir. Para él, cada joven que conocía era una caída moral, un derrumbe, así que en su diario cada «caída» era señalada por un pequeño tache que significaba que había faltado a sus principios.

Cuánto debió de sufrir y cuánto valor debió reunir para analizar su propia vida en libros como *Si la semilla no muere*, en el que habla de su propia vida con una sinceridad apabullante, pero sobre todo en su detallado *Diario*, el cual lo acompañó casi toda su vida. Veamos lo que escribió en él cuando descubrió los libros del padre del psicoanálisis. Se trata de un famoso pasaje que nos habla de la admiración y el temor que le causó este descubrimiento:

¡Ah, qué molesto es Freud! Lo que le debemos es haber acostumbrado a los lectores a oír tratar ciertos temas sin ruborizarse. Lo que le debemos es la audacia, o más exactamente, el apartar de nosotros cierto pudor falso y molesto. ¡Pero cuántas cosas absurdas tiene este genio imbécil!

Podría pensarse que cuando Gide se casó con su prima, aún tenía muchas dudas acerca de su vida íntima. Pero no era así, pues un par de años antes tuvo un encuentro durante un viaje por Argelia que le cambió la vida. Cuando llegó al hotel, descubrió que Oscar Wilde se encontraba hospedado en el mismo. Por alguna razón, su primer impulso fue huir y salió corriendo del hotel, víctima de unos nervios incontrolables. Pero cuando se encontraba en la calle, decidió regresar para enfrentar su miedo secreto.

Finalmente, Gide y Wilde se conocieron en un pequeño café de Argel. Se encontraban platicando, cuando, de pronto, un joven hermosísimo se asomó al interior del café. Wilde le sonrió y le pidió que entrara. El joven se acercó a los dos escritores, sacó una flauta y comenzó a tocarla. Entonces, Wilde volteó hacia Gide y le dijo: «¿Quieres a este joven músico para ti?». El novelista palideció entonces, y parecía que las fuerzas lo abandonaban. «¡Qué tremendo esfuerzo me hizo falta para poder responder con voz entrecortada que sí!», confesaría más adelante. En *Si la semilla no muere* dice que esa noche fue lasciva, ardiente y salvaje.

Tal vez esa verdad sobre sí mismo que encontró en Argel era algo que muchos de sus amigos podían entender. Pero lo que de ningún modo comprendieron fue que Gide se aventurara a escribir al respecto con toda la sinceridad de que era capaz. Cuando publicó *Coryodon*, en 1924, es decir sus «cuatro diálogos socráticos sobre el amor que no osa decir su nombre», no se imaginaba que sus amigos más cercanos iban a rechazarlo.

Era claro que tanta sinceridad no era bien vista. Era demasiado decir que la homosexualidad no era una actividad contra natura, sino contra la costumbre. Gide mostró una gran valentía intelectual, el distanciamiento de sus amigos no le quitó su coraje; al contrario, sentía que se había tardado en escribir acerca de la homosexualidad, pero lo que es más importante es que nunca se arrepintió. Poco antes de morir, escribió estas palabras: «Lo que más me ha gustado de la vida es *Las mil y una noches*, la Biblia, los placeres de la carne y el reino de Dios».

Amor perdido

MARCEL PROUST

A LOS 34 AÑOS, MARCEL PROUST (1871-1922) era un dandy y un aspirante a escritor que aún no tenía una obra importante. Apenas había publicado un libro, *Los placeres y los días,* por lo que puede decirse que era entonces «un niño mimado», sobreprotegido por su madre. Lo que nadie sabía era que Marcel proyectaba *En busca del tiempo perdido,* una de las obras más ambiciosas de la literatura. Entonces, ¿qué limitaba su creación? Para muchos de sus estudiosos, el asma que padeció toda su vida y que lo confinaba durante largos periodos en su habitación era también lo que le permitía escribir. Así es que los años en que pudo llevar una vida social le habrían servido de inspiración, y los años posteriores en los que el asma se agravó, serían en los que se dedicaría a escribir su obra maestra. Nos preguntamos si sólo el asma era la razón para encerrarse y dedicar los últimos 17 años de su vida a escribir los siete tomos de su obra maestra. En 1905, su madre murió, y Proust diría más tarde: «Mi madre murió y se llevó con ella a su pequeño Marcel». Es decir que ese «pequeño Marcel», el Marcel inmaduro, el Marcel sobreprotegido y el Marcel irresponsable se fue con ella. A partir de 1905, sólo quedaba el Marcel Proust maduro y listo para escribir su ambiciosa novela.

Proust tenía una sabiduría muy especial para las relaciones sociales y era profundamente reflexivo, aprovechaba sus ratos de soledad para meditar acerca de las pasiones humanas. Por esta causa, *En busca del tiempo perdido* tiene ambas características de su autor. El narrador cuenta la historia de su tiempo, de las personas que compartieron su vida, pero sobre todo analiza cada una de las pasiones que mueven a sus personajes. Aunque Proust era judío y homosexual, el narrador de *En busca del tiempo perdido* no comparte estas características. Según el crítico Harold Bloom, se debe a que buscaba ser más objetivo en sus juicios. No hay que olvidar que la novela transcurre durante una época en que la homosexualidad era duramente reprimida y en la que el *Caso Dreyfus* había dividido a la sociedad francesa. En 1894, el capitán Alfred Dreyfus había sido acusado injustamente de entregar papeles secretos al gobierno alemán. Dreyfus era inocente, pero el antisemitismo de los sectores más conservadores de Francia lo consideraban culpable sin necesidad de pruebas. Proust escribió a favor de él, y además en su gran novela, Marcel hace una defensa de los judíos y de los homosexuales, ambos cuestionados por la Francia intolerante. El título del cuarto tomo de su obra es *Sodoma y Gomorra,* y de manera metafórica se refiere a la persecución de los judíos y de los homosexuales.

El narrador de la obra no es homosexual, pero Proust aborda en muchos pasajes la homosexualidad de sus personajes. También habla de su propia vida sentimental de forma cifrada. Proust consideraba que el amor era la pretensión de poseer totalmente al ser amado, sin importar si se trataba de una relación homosexual o heterosexual. Así es que el amor entre el narrador y Albertina, en realidad, es el que tuvo Marcel por su chofer, Alfred Agostinelli. Alfred, entonces de 24 años, estaba casado y era un gran enamorado de las mujeres. Pero era tan grande la pasión que Marcel sentía por él, que llevó a Alfred a su casa, acompañado de su esposa Anna.

Para entonces, los padres de Marcel ya habían muerto. Durante toda su juventud, Proust escuchó decir a sus padres que siempre había problemas de dinero y que se encontraban cerca de la bancarrota. No obstante, cuando quedó huérfano, se encontró con la sorpresa de que había heredado una cantidad equivalente a seis millones de dólares. De pronto, Marcel estuvo en una situación tan desahogada que ya no tuvo ningún obstáculo para dedicarse a escribir. Pero, sobre todo, pudo pagar a sus amigos regalos muy costosos. Marcel era tan posesivo, que casi tuvo a su chofer prisionero y rodeado de todo tipo de obsequios, ropa, joyas, relojes y cigarreras. No obstante, Alfred se sintió agobiado por el amor tan neurótico que le profesaba, y un día huyó siguiendo su verdadera vocación: ser piloto. Se fue sin dejar rastro, convencido de que lo mejor era estar lejos de Marcel y sus celos enfermizos.

La desesperación de Marcel era enorme, así que contrató a un detective para indagar el paradero de Alfred. Cuando se enteró de que su amado había decidido buscar la manera de convertirse en piloto, no se resignó y decidió encargar que se le construyera un avión. Marcel estaba esperanzado porque estaba a punto de aparecer *Por el camino de Swann,* el primer tomo de su novela. Pero, desafortunadamente, llegó la noticia de que Alfred había sobrevolado por el Mediterráneo a pesar de que su maestro le dijo que no lo hiciera. A los pocos días, se encontró su cadáver flotando en el mar.

Proust nunca se repuso de la muerte de quien fue su gran amor, aun cuando tuvo muchos otros amantes. Si algo necesitaba Marcel era ser amado, pero nunca fue correspondido como quería. Tal vez el amor fue para él algo tormentoso, ya que siempre lo vivió con culpa y con celos, pero no olvidemos que fue también el incentivo para conocer la vida y para escribir. Como decía él mismo en un pasaje de su novela: «Yo nunca he sido inquisitivo, excepto cuando estuve enamorado y cuando estuve celoso. ¡Y aprendí mucho!».

Un tema tabú

PEDRO HENRÍQUEZ UREÑA

HACE UNOS DÍAS me encontraba en una conferencia dedicada al extraordinario escritor Pedro Henríquez Ureña (1884-1946), durante la Feria Internacional del Libro en Santo Domingo. Además de tres destacados autores dominicanos, en la mesa estaban los escritores Adolfo Castañón y Susana Quintanilla. Mientras los conferencistas hablaban de la influencia que tuvo este autor en la literatura mexicana, mientras se hablaba de su estrecha amistad con Alfonso Reyes y mientras se discutía la obra ensayística tan importante, uno de los asistentes, que se encontraba a mi lado, me dijo muy quedito:

—Era gay.

—¿De veras? —respondí muy intrigada.

—Sí, en serio.

Cuando terminó «el conversatorio», como le llamaron a esta reunión, me acerqué a mi amigo Pável Granados y le hice la misma pregunta.

—No creo —me respondió—, Salvador Novo era alumno de Henríquez Ureña. En una ocasión, don Pedro llamó a Novo a su oficina porque estaba enterado de la vida sexual de su alumno. Muy intrigado, le pidió que fuera a verlo. Cuando se encontraron solos, Henríquez Ureña se puso muy incómodo y no supo cómo confrontarlo. Entonces le preguntó: «Salvador, si yo le pidiera un beso, ¿me lo daría?». Novo se quedó pensando, y le respondió: «Sí...». «¡Pues muy mal, eso está muy mal!». Dicen que desde entonces se dio una ruptura entre ambos.

—Pero pasó algo más —interrumpió Susana Quintanilla, quien para entonces se había acercado y escuchaba nuestra conversación—: cuando Henríquez Ureña se iba a casar, le dijo a Novo que si él le pedía que no se casara, no se casaba.

Para ese momento, los autores dominicanos ya se habían enterado de esta discusión y se encontraban profundamente indignados.

—¡Será posible que se dude de la hombría de don Pedro! —decían con grandes aspavientos.

Nunca me imaginé que un comentario tan inocente del público desataría una reacción tan vehemente. Al finalizar, una persona del público me aseguró que la hermana menor de Pedro, Camila, fue una notable escritora feminista que se fue a vivir a Cuba y a la que no le afectó en nada ser lesbiana.

Luego de que terminó esta conferencia, recorrí los *stands* de la Feria preguntando por la literatura gay de República Dominicana. En ese momento, me surgieron muchas preguntas acerca de este tema. ¿Cuántos artistas habían tocado este tema?, ¿era un asunto tratado públicamente y sin prejuicios?, ¿o se trataba por el contrario de un tabú? Luego de preguntar en varios sitios, me informaron que existía un libro titulado *Antología de la literatura gay en la República Dominicana*, de Mélida García y Miguel de Camps Jiménez. No obstante, en ningún puesto de libros, en ningún pabellón y en ningún *stand* existía un ejemplar de este libro. Aunque todo mundo lo conocía, nadie lo había visto.

En la mejor librería de Santo Domingo, La Trinitaria, no tenían un ejemplar y tampoco en las librerías de viejo del centro de la ciudad. ¡Qué libro tan difícil de conseguir en Santo Domingo!

Curiosamente, esta antología me despertó mucha curiosidad; hay que decir que los compiladores son los primeros sorprendidos, pues cuando se dieron a la tarea de investigar el tema homosexual en la literatura de su país, se dieron cuenta de la gran homofobia de los autores dominicanos. Cuando se acercaban a los autores y les preguntaban si habían escrito al respecto, muchos de ellos se molestaban, así que tenían que aclarar que se trataba de una antología temática, que no le estaban preguntando si era gay. Aún así, se dieron cuenta de que muchos de los autores no veían con buenos ojos el tema. Incluso, varios escritores gays decidieron no ser antologados, ya que no estaban dispuestos a aparecer en un libro con estas características.

No hay que olvidar que en la época del dictador Rafael L. Trujillo, la homosexualidad era perseguida y castigada, al grado de que existió un campo de concentración en Isla Beata, al sur de República Dominicana. Y todavía en los ochenta, la cultura homosexual era muy marginada; los homosexuales se reunían en un lugar clandestino que se llamaba Cabaret. Más adelante, una vez muerto Trujillo, el gobierno del presidente Balaguer cerró una exposición del pintor homosexual Jovanny Ferúa.

Dicen que Jovanny se enojó tanto que declaró:

—Si aquí se les dejara usar falda a los homosexuales, República Dominicana sería una pequeña Escocia.

Cuando la académica colombiana Claudia Patricia Giraldo terminó de leer este libro, escribió: «Se trata más bien de una antología de la literatura de la homofobia».

Dice el novelista Andrés L. Mateo que uno de los poemas más bellos de la literatura dominicana, es el que escribiera Pedro René Contín Aybar, el cual dedicó a un amante barbero llamado Biel. Este poema, «Biel, el marino», fue escrito en la época del trujillismo, y sólo se publicaron 25 ejemplares numerados. No obstante, causó tanto revuelo que mucha gente se lo sabía de memoria, pero sólo hasta los ochenta se hizo una edición pública. Como dicen los dominicanos: en este país, más que la gente, apenas es el tema de la homosexualidad el que está saliendo del clóset.

Autor encadenado

FRANÇOIS MAURIAC

«FRANÇOIS MAURIAC (1885-1970) nació, como todo el mundo, aunque tal vez un poco más que todo el mundo, cargado de cadenas, de ancestros, de tradiciones y de recuerdos», escribió el crítico Jean d'Ormessond, en *Le Figaro* el 5 de marzo de 2009. Mauriac el novelista, Mauriac el crítico incómodo y Mauriac el católico anticonservador, sigue siendo noticia en Francia. El novelista, que obtuvo el Nobel en 1952, pensaba que las obras mueren en tanto que los hombres permanecen. Curiosamente, a causa de una obra aparecida en Francia en 2009, *François Mauriac, biographie intime. 1885-1940*, de Jean-Luc Barré, Mauriac fue otra vez centro de debate.

El autor torturado y el novelista del dolor, volvió a pasearse por las calles de la polémica. En ellas pasó gran parte de su existencia, cuando participó en el periodismo clandestino durante la ocupación nazi de París y cuando se comprometió con la causa argelina y denunció los abusos del ejército francés.

Siempre fue un pensador anticolonialista y un defensor de causas populares. Pero la atención que ha recibido ahora no tiene nada que ver con sus posturas políticas. En su libro, Barré saca del clóset a Mauriac y habla de su vida homosexual. El autor visitó a la familia de su biografiado y revisó su archivo personal y, finalmente, el libro cuenta con la aprobación de Jean, el hijo del novelista. Dice Barré:

Hasta ahora, nunca nadie había osado abordar la homosexualidad del autor de *Thérèse Desqueyroux*. Era como atentar contra su memoria. Entiendo mal esta hipocresía. Rehusar la verdad es falsear la imagen del personaje. Después de haber investigado todos estos aspectos acerca de su verdadera personalidad, llegué a la conclusión de que si Mauriac hubiera «salido del clóset», de su ambigüedad, no se habría convertido en el Mauriac que hoy conocemos.

No obstante, llama la atención que muchas personas se hayan molestado con esta investigación y piensen que se trata de una falta de respeto. Extrañamente, sus «defensores» se han apresurado a comentar que, como buen católico, Mauriac decidió casarse y negar ese aspecto de su vida. Nosotros creemos que, justamente a causa de esa represión, sus cadenas le pesaban cada vez más.

El abuelo de Mauriac era carpintero naval y había tenido un barco, y su padre poseía un pequeño castillo vinícola a orillas de La Garonne. Ese mundo que conoció tan bien, porque de alguna manera era el suyo, el de las familias reprimidas y burguesas de la provincia convencional, es el que retrató en sus novelas. No obstante, sus primeros libros fueron dos poemarios muy elogiados por André Gide. El joven poeta veía con gran admiración al autor de *Los alimentos terrestres*. Para entonces, Mauriac ya había contraído matrimonio con Jeanne Lafon. Gide, homosexual asumido, le reprochó a Mauriac recurrir a un «compromiso tranquilizador» que le permitía continuar siendo cristiano sin tener que incendiar sus libros. Con los años, la relación entre ambos se convirtió en algo muy distinto: cuando Gide ganó el Nobel, en 1947, su antiguo admirador escribió: «Gide: corruptor de la juventud, endemoniado. Es necesario que vivamos en una época muy distraída que ya no capta la consecuencia de los acontecimientos, para que el Premio Nobel concedido a Gide no haya suscitado un movimiento de estupor e incluso de terror».

En 1927, cuando Mauriac ya era considerado uno de los mejores novelistas de Francia, se enamoró de Bernard Barbey, un joven diplomático suizo. No obstante, a causa de sus sujeciones morales, es probable que Mauriac no se haya atrevido a llegar a una relación íntima, pues como dijo en una de sus novelas: «El arte de vivir consiste en sacrificar una pasión baja a una más alta». En su caso, la pasión más baja era el amor por Bernard. Jean, el hijo del novelista, declaró acerca de su padre: «Homo, cierto; pero sexual, lo dudo».

Hasta ahora no se contaba con un testimonio de primera mano, ya que Barré recurrió para su biografía a las anotaciones autobiográficas. Pero muchas personas sospechaban esta verdad sobre Mauriac. Recordemos la polémica que tuvo en 1953 con Roger Peyrefitte, autor de *Las llaves de San Pedro*. Esta novela que hacía alusiones a la supuesta homosexualidad de Pío XII, hizo que Mauriac se enfureciera. Años después, en 1964, cuando se filmó una película basada en otra novela de Peyrefitte, *Las amistades particulares*, sobre las experiencias homosexuales del autor, Mauriac calificó de inmoral la cinta. Peyrefitte publicó un texto en el que lo acusó de ocultar su vida homosexual.

A partir de la obra de Barré, muchos volverán a los libros de Mauriac con nuevos elementos y con nuevas interpretaciones. No hay que olvidar que fue un escritor que se manifestaba de forma muy enigmática cuando se refería a las pasiones humanas. Llegó a decir que la autovigilancia sólo era puesta en práctica cuando estaban los otros: «Cuando estamos solos, enloquecemos». Mauriac vivió su vida íntima como una tragedia.

Luchó siempre por contenerse, por arrepentirse, sin conocer la libertad. Puede decirse que confundió la libertad con el remordimiento. «Imposible liberarme del ser al que amo», escribió.

Corazón oculto

CARLOS PELLICER

LA NOCHE EN QUE GERMÁN DEHESA (1944-2010) recibió en el Teatro de la Ciudad el nombramiento de ciudadano distinguido, presentó su espectáculo *Permiso para vivir*, en el que leyó varios de sus poemas favoritos. Aun cuando leyó poemas de Pablo Neruda y Jaime Sabines, el que más me gustó fue el «Discurso por las flores» de Carlos Pellicer (1897-1977), aquel que reza: «Nada nos hiere tanto como hallar una flor / sepultada en las páginas de un libro. La lectura / calla; y en nuestros ojos, lo triste del amor / humedece la flor de una antigua ternura». Así es que quiero recordar al escritor que ha sido llamado «poeta del trópico», «paisajista» y «viajero».

Pellicer es recordado por sus maravillosos poemas dedicados al trópico, como aquel en el que dice: «Trópico, para qué me diste las manos llenas de color». También hizo poemas en los que parece que mira todo el paisaje desde el cielo, como si volara en un avión.

Asimismo, fue un gran amante del arte prehispánico, por lo que dedicó mucho tiempo a organizar el Parque Museo de la Venta, el museo Anahuacalli de Diego Rivera, una colección de arte prehispánico que donó al museo de Tepoztlán y, finalmente, se encargó de convertir la Casa Azul, donde nació Frida Kahlo, en un museo, tal como Rivera lo había dispuesto antes de morir. Cuando terminó esta labor, en 1958, le escribió una carta a Frida, quien había muerto cuatro años antes: «Óyeme, criatura: Ayer terminé de arreglar tu casa: a ver si cuando regreses no te peleas conmigo por todo lo que le hice. El salón, que hace muchos años no ocupabas como estudio y en el que pintaste tantas cosas maravillosas, lo arreglé con puros cuadros tuyos. Mira, en el cuarto donde naciste coloqué los retratos de tu familia que tú pintaste y te dejé a la mano el traje de tehuana que tanto te gusta, con alhajas y todo». A veces se olvida que además de ser un enorme poeta, Carlos Pellicer era un gran museógrafo.

Pellicer fue uno de los poetas que trataron de disimular su forma de sentir. ¡Qué paradójico que un poeta sea justamente el que tenga que buscar maneras de no revelar lo que siente y lo que desea! Escribió poesía religiosa, de paisaje y de vanguardia, pero sus sentimientos amorosos los trató a fondo en su libro *Recinto,* de 1941, es decir, cuando tenía 44 años. Lo que más llama la atención es la forma en que el poeta se refiere a la persona que ama, de una manera ambigua, pues lo que intenta es confundir y no decir si está enamorado de un hombre o de una mujer: «Allá, aquí, presente, ausente, / por ti, a ti y en ti, oh ser amado, / adorada persona / por quien –secretamente– así he cantado».

Qué diferencia con Salvador Novo, que no tenía ningún escrúpulo en hacer poemas a sus muchos amantes… ¿Cuál era la causa de que Pellicer enmascarara sus sentimientos? ¿Habrá sido la educación tan religiosa que le dio su madre, Deifilia Cámara? Pellicer siempre intentaba ocultar sus preferencias, tal vez a eso se deba la voz tan varonil con la que leía sus poemas. Augusto Monterroso, malicioso como era, dijo en una ocasión: «¿Se han fijado que Carlos Pellicer habla como si se hubiera comido un hombre?».

Seguramente, Pellicer tenía un conflicto interno que le impedía aceptar su condición; no obstante, sus poemas «en clave» dicen mucho de la forma de enamorarse de muchos gays de entonces: en secreto, usando un lenguaje para iniciados y, sobre todo, un amor resignado a nunca manifestarse en público. «Que se cierre esa puerta / que no me deja estar a solas con tus besos. / Que se cierre esa puerta / por donde campos, sol y rosas quieren vernos», dice en uno de sus poemas.

Pellicer también estaba entregado a las causas sociales. Un día fue a una manifestación en la Embajada de Venezuela, para protestar contra la dictadura de Juan Vicente Gómez. José Vasconcelos, entonces secretario de educación, se enteró de que un joven poeta había lanzado piedras contra la embajada y pidió conocerlo. Así que un día llegó Pellicer a las oficinas de Vasconcelos, quien había tomado como suya la causa de la alfabetización. Para el maestro y para el joven poeta, alfabetizar se convirtió casi en una religión. Una vez, Daniel Cosío Villegas acompañó a Pellicer a una vecindad y vio cómo el poeta se paró en el patio y llamó a la gente, comenzó a leer poemas y luego comenzó a dar clases. Los habitantes de la vecindad se pusieron tan contentos de ser tomados en cuenta, que se convirtieron en sus alumnos.

Finalmente, los invito a leer la poesía de Pellicer, reunida en tres tomos por Luis Mario Schneider y Carlos Pellicer López, y editada por la UNAM en 1996; así como el libro de Samuel Gordon, *Carlos Pellicer, breve biografía literaria* (Ediciones del Equilibrista, 1997), de donde hemos obtenido sus principales datos biográficos.

Arte compartido, amor frustrado

Federico García Lorca

La España conservadora de hace un siglo tuvo la suerte de dar un poeta maravilloso, un joven lleno de alegría y de música. Estando en Andalucía, no podía menos que recordar a este extraordinario escritor, quien tuvo que asumir su preferencia amorosa en un país intolerante que no pudo comprenderlo, aun cuando admirara su poesía y su teatro. Desafortunadamente, a Federico García Lorca (1898-1936) no se le ha terminado de comprender, pues por muchos años sus biógrafos intentaban negar su condición homosexual. Como dijo uno de sus mejores amigos, el poeta Vicente Aleixandre, Federico era capaz de toda la alegría del mundo; pero hay que decir que esa alegría era prácticamente su arma contra la incomprensión de su mundo.

Nació en Fuente Vaqueros, en Granada. Su madre era la maestra del pueblo, así que fue quien le enseñó a leer y a disfrutar de la música y la literatura. Dicen que era un niño con una sonrisa encantadora, y que tenía una facilidad asombrosa para cantar y tocar el piano. Claro, era muy difícil que una personalidad como la suya pudiera ser comprendida por sus compatriotas. La España en la que creció, sumamente religiosa y alejada de la libertad de hoy, era incapaz de entender la homosexualidad. Debió de ser muy difícil para el poeta vivir en medio de convencionalismos e intolerancia. Uno de sus amigos, José Navarro, contaba que en una ocasión se encontraba en un bar y llegó Federico. Cuando se vieron, se abrazaron y comenzaron a platicar. Ya era un autor famoso, así que hablaron de sus obras y de sus viajes. Cuando José regresó con sus amigos, éstos le dijeron: «¡Pero cómo!, ¿es que tú te juntas con ese maricón?».

Claro que Federico sabía que a sus espaldas se hacía ese tipo de comentarios. Por ello con su obra quería demostrar que todas las personas tienen derecho a amar como mejor les parezca. «El amor es una casualidad y no depende de nosotros en absoluto», decía. Pero lo cierto era que Federico no podía mostrar abiertamente su sensualidad. No hay que olvidar que estudió en la famosa Residencia de Estudiantes de Madrid (1918-1928), en donde conoció a Luis Buñuel. Seguramente llevaba una vida muy discreta, pues uno de sus compañeros de entonces, Pepín Bello, dijo: «Jamás, jamás, en nuestra época de residencia, ni dijimos ni pensamos que Federico era maricón, porque no lo era».

Por entonces llegó a la Residencia un joven muy tímido, de un pelo negro muy largo y de unas patillas exageradas. Acostumbraba llevar un sombrero ancho y una chalina, así como una chaqueta hasta las rodillas. Este joven se llamaba Salvador Dalí (1904-1989) y era seis años menor que Federico. En cuanto se conocieron, sus personalidades los inquietaron y los sorprendieron. Se dieron cuenta de que compartían una inteligencia y una sensibilidad fuera de lo normal. Gracias a la biografía *Vida, pasión y muerte de Federico García Lorca*, de Ian Gibson, podemos seguir la relación de estos dos artistas, inseparables a partir de 1925. En ese año, Federico fue invitado a dar una lectura de su poesía en Barcelona, así que era la ocasión perfecta para pasar unos días con Dalí en casa de su familia.

Fue entonces que el poeta escribió uno de sus poemas más intensos, la «Oda a Salvador Dalí». Compartían una visión del arte y de la vida que los unía todo el tiempo. A finales de 1925, Salvador fue invitado a exponer su obra en Barcelona, pero la familia de Federico no lo dejó ir. ¡Pobre Federico!, esos días estuvo desesperado, tratando de saber algo de Salvador, de los comentarios de los críticos. Sin embargo, ambos se carteaban. «No dejes de escribirme, tú, el único hombre interesante que he conocido», le escribió Dalí. Federico le hizo unos versos muy explícitos:

Canto tu corazón astronómico y tierno,
de baraja francesa y sin ninguna herida…
Pero ante todo canto un común pensamiento
que nos une en las horas oscuras y doradas.
No es el Arte, la luz que nos ciega los ojos.
Es primero el amor, la amistad o la esgrima.

¿Se consumó el amor entre ambos? En una ocasión, Dalí le respondió al escritor Alain Bousquet: «Federico era pederasta, como se sabe, y estaba locamente enamorado de mí. Trató dos veces de… Lo que me perturbó muchísimo, porque yo no era pederasta y no estaba dispuesto a ceder». Quizá, en el fondo, Dalí no estuvo dispuesto a aceptar su parte homosexual, lo cual hizo que ambos se alejaran. Además, su amistad tenía un enemigo, nada menos que Luis Buñuel, quien odiaba las obras de teatro de García Lorca; pero, sobre todo, quería «salvar» a Dalí de su influencia. Así es que le propuso hacer una película; Dalí a cargo del guión y él, de la dirección. Juntos hicieron *Un perro andaluz* (1929). Federico comprendió la alusión que se hacía de él y se alejó de Salvador. Fue su gran amor frustrado, su primera gran decepción y una huella imborrable en su vida. Federico siempre tuvo a su lado las cartas de su amigo. Dicen que hasta el final (Lorca fue asesinado en 1936) leía las cartas de Salvador y siempre lo tuvo presente.

Cuando se enteró de que Dalí se enamoró de Gala, una joven francesa, Lorca no podía creerlo, se puso furioso, comenzó a insultarlos, convencido de que no podían ser felices. «Una mujer no va a satisfacer a Dalí», gritaba furioso. Y, entonces, volvía a leer las cartas llenas de cariño de Salvador, como aquella en la que se despedía de esta manera: «Adiós, te quiero mucho, algún día volveremos a vernos, ¡qué bien lo pasaremos!».

El secreto

GABRIELA MISTRAL

GRACIAS A QUE UNA QUERIDA AMIGA me obsequió el libro *Niña errante. Cartas a Doris Dana* (Lumen, 2009), pude conocer algo de la compleja personalidad de la gran poetisa chilena Gabriela Mistral (1887-1957). Aun cuando se trata de un volumen que contiene 250 cartas, pareciera que la vida de esta escritora queda profundamente escondida detrás de una espesa niebla. Sin duda, el carácter duro y desconfiado de Gabriela se debía a que la sociedad de su tiempo no tenía aún la madurez para comprender su forma de sentir. ¿Cómo iba a sentirse protegida si cuando apenas tenía 7 años fue víctima de una violación? ¿Cómo podría ser completamente feliz si su primera profesora le dijo que no tenía ningún futuro y que se trataba de una «retrasada mental»? Y, finalmente, me pregunto: ¿cómo no iba a sentir una gran carga en su interior si esa misma profesora la acusó injustamente de robo frente a todas sus compañeras de escuela? Pasaron muchos años, Gabriela se había convertido en el primer escritor latinoamericano en ganar el Premio Nobel de Literatura, el cual se le otorgó en 1945; entonces, en una entrevista, la escritora recordó esa terrible escena que la marcó durante su infancia y acusó a la maestra que la había humillado en el colegio. Sí, era una mujer incapaz de olvidar y de perdonar. Dice su biógrafo Volodia Teitelboim, en su libro *Gabriela Mistral, pública y secreta* (Hermes, 1996): «Como otras criaturas de la Biblia, adoraba a un Dios que no perdonaba».

Su verdadero nombre era Lucila Godoy Alcayaga, pero también abandonó este nombre como para olvidar todo su pasado. Eligió Gabriela como un homenaje al escritor italiano Gabriele D'Annunzio, y el apellido del poeta francés Frédéric Mistral. Cada vez que lograba un triunfo literario u obtenía un puesto más alto como pedagoga, era criticada por sus compatriotas. Cuando José Vasconcelos la invitó a México para colaborar en la reforma educativa, dictando conferencias y organizando la apertura de nuevas bibliotecas en toda la República, el congreso chileno le negó el dinero necesario para viajar a nuestro país. Dicen que los diputados se miraban entre sí, y con sonrisas irónicas sólo llegaban a hacer comentarios despectivos de esa maestra rural a la que despreciaban. Ninguno de ellos podía imaginarse que Gabriela estaba llamada a ser la chilena más famosa de su siglo. Por eso fue una gran vergüenza que ella ganara el Nobel antes que el Premio Nacional de su país. Por eso, también, nunca regresó a vivir a Chile. Y cuando pasó en tren por Vicuña, su pueblo natal, no quiso siquiera asomarse por la ventanilla.

Gabriela vivió huyendo, siempre queriendo descubrir algo nuevo. Como afirma Volodia Teitelboim, tenía «neofilia», es decir, una atracción irresistible por conocer lo nuevo. Mientras estaba viviendo en California, llegó una carta de una joven escritora estadounidense, Doris Dana, quien la admiraba y acababa de traducir al inglés un texto de Mistral sobre Thomas Mann. Doris era entonces secretaria de Mann, pero al mismo tiempo tenía una gran admiración por Gabriela, así que le escribió: «A través de sus obras, su nombre representa para mí todo lo que es fuerte y significativo, bello y realmente eterno». Doris quiso conocerla y desde el día en que se encontraron quedó impresionada con su personalidad. No obstante que la Premio Nobel le llevaba 33 años de edad (Doris nació en 1920), entre ellas nació una atracción intensa. Desde entonces, Gabriela y Doris estuvieron juntas. Por un lado, Doris necesitaba a alguien con una personalidad fuerte y protectora; había sufrido mucho abandono por unos padres alcohólicos. Y la escritora encontraba en Doris una forma de mostrarse protectora y maternal.

Como es de esperarse, ninguna de las dos confesó abiertamente la pasión que mantuvieron a lo largo de ocho años. Gabriela necesitaba estar con Doris y se preocupaba en exceso por ella. Pero esta joven de 28 años tenía cambios drásticos de carácter; muchas veces se rebelaba o simplemente desaparecía. Entonces, a Gabriela no le quedaba más que manipular a la distancia, hablando de sus enfermedades, de sus achaques y de sus dolencias. Pero como decía Teitelboim, Gabriela padecía de «arteriocuentosis» y, muchas veces, en sus cartas se nota la angustia de la escritora por perder a Doris: «Yo no he renunciado a ti, Doris Dana. Óigalo usted bien. Tengo mucha pero mucha inquietud de perderte. Es muy fácil perderte a ti, Doris Dana, y para mí eso sería un desastre».

Juntas vivieron en Jalapa por dos años. Juntas viajaron por Italia. Y juntas se mudaron a una casa en Long Island. Sin embargo, Dana jamás aceptó haber sido el amor de Gabriela Mistral. Mientras vivió, negó que su relación fuera más allá de la amistad, pero conservó las cartas de la Mistral toda su vida. Cuando murió, en 2004, dejó todo el legado de Gabriela a la Biblioteca Nacional de Chile, en donde se encontraban decenas de cartas llenas de desesperación, amor, soledad, achaques, súplicas, pero, sobre todo, de una pasión que nadie sospechaba. Era una pasión compartida por las dos y en la que no debía entrar nadie. Por ello, la mantuvieron alejada del mundo. Doris Dana guardó hasta el último día una carta de Gabriela en una caja fuerte. Tal vez era la más emotiva, en la que se vaciaba todo el amor de esta gran escritora por la compañera de sus últimos años: «La vida sin ti es una cosa sin sangre, sin razón alguna. Tú eres 'mi casa', mi hogar, tú misma. En ti está mi centro».

Confesión esencial

Elías Nandino

Elías Nandino (1900-1993) no sólo es uno de los poetas más admirados de México: durante muchos años fue uno de los médicos más famosos del país. Casi puede decirse que ir a su consultorio era uno más de los eventos sociales que reseñaban las revistas. Iban a verlo políticos, escritores, estrellas de cine… Luis Spota, por ejemplo, reseñaba en su columna: «Dolores del Río se enfermó y suspendió la filmación de su nueva película, pero ya fue a ver al doctor Elías Nandino». Además, era uno de los escritores más generosos de su tiempo: en los años cincuenta, cuando dirigía la revista Estaciones, le dio sus primeros trabajos como reseñistas a José Emilio Pacheco y a Carlos Monsiváis. Era de lo más común verlo en la calle del brazo de artistas como Yolanda Montes 'Tongolele', una de sus mejores amigas. Sin embargo, este hombre tan público, cuando se quedaba solo, se convertía en un poeta sombrío y triste. Nandino siempre se jactó de que Xavier Villaurrutia fue el poeta que lo enseñó a tratar el tema de la muerte en su obra; como en el poema «Amor sin muerte». Leamos unos versos: «Amo y en cada momento / amar, es mi muerte urgida, / por un amor sin medida / en incesante ardimiento».

«Nací en la primavera del siglo», escribió en sus memorias, *Juntando mis pasos* (Aldus, 2000). En efecto, era el 19 de abril de 1900, en Cocula, Jalisco. De entonces recordaba a su abuela de grandes trenzas, quien le enseñó a decir «papá» y «mamá» mientras lo sostenía sobre sus piernas. La ropa se la hacía su tía Goya, que trabajaba como sastre. «Siempre me hacía unos pantalones todos chuecos, que me quedaban mal», relataba divertido Nandino a los alumnos de su taller literario, en el que apoyó a muchos jóvenes poetas. Por ello, el Premio de Poesía Joven más importante del País lleva su nombre.

En sus últimos años, recibió la visita de un joven escritor que le hizo una serie de entrevistas con el fin de escribir una biografía. Cuando Nandino se dio cuenta de que el texto estaba hecho sin talento y privilegiando su vida sexual, sin tomar en cuenta sus aportaciones a la poesía, se enojó tanto que trató de impedir su publicación. El libro apareció con el título de *Una vida no velada*. Dicen que el poeta no pudo dormir durante muchas noches molesto por el libro que hablaba no sólo de sus intimidades, sino de las de todos sus amigos. Fue tanto su enojo que decidió comenzar a escribir sus propias memorias cuando estaba a punto de cumplir 90 años. Casi había perdido la vista, así que dictó la historia de su vida, que vivió intensamente, como escribió en el poema «Casi a la orilla», dedicado a José Emilio Pacheco: «Después de lo gozado / y lo sufrido, / después de lo ganado / y lo perdido, / siento / que existo aún / porque ya, casi a la orilla / de mi vida, / puedo recordar / y gozar / enloquecido: / en lo que he sido, / en lo que es ido».

Se dice que Nandino es un poeta del secreto y de la soledad, como puede verse en «Aventura», uno de sus poemas: «No sé cómo viniste hasta mis manos / a llenar las tinieblas de mi lecho». ¿De dónde vendrá esta proclividad por el silencio? En sus memorias cuenta que cuando era niño, se hacían en su casa de Cocula unas fiestas tan grandes a las que llegaban tantos invitados que a veces no cabían en su casa y tenía que dormir en la habitación de sus padres. Una noche, lo despertó el ruido de sus padres haciendo el amor: «Debo decir que yo amaba a mi madre místicamente, como si fuera una santa, exenta de todo pecado. Yo no quería pensar en la manera como se hacían los hijos, pero por lo que descubrí esa noche, sentí cómo se maculaba la inocencia del amor que le tenía». La imagen nunca se le borró de la mente. Muchos años después, cuando ya era un hombre maduro, su madre corrió a un joven de la casa porque sospechaba de las relaciones con su hijo. Elías le dijo furioso: «Si soy como soy, tú eres la primera que me tiene que perdonar».

En sus memorias, Nandino se refiere a su vida con un enorme desapego, pareciera que lo mismo le da hablar mal de Salvador Novo y de Villaurrutia que de los presos que lo extorsionaban en la cárcel cuando era director de la clínica de Lecumberri. Por esta razón, dice Monsiváis que en Nandino «el placer por el lenguaje poético se complementa con un afán de hondura, de confesión esencial». Gracias a estas memorias nos enteramos de su relación con todos los Contemporáneos, de sus visitas a los estudios de Roberto Montenegro y Chucho Reyes Ferreira, de su amistad con María Conesa y «Tongolele», y de cómo los Contemporáneos odiaban al poeta francés Antonin Artaud, quien vino a México y también los odiaba.

Recomiendo la lectura de las memorias de este médico y poeta, en las que habla con toda sinceridad de su vida. En ellas, Nandino busca explicarse a sí mismo por qué fue tan infiel toda la vida, por qué padecía de una «severa hipersexualidad» y por qué luego de cada infidelidad buscaba a su amado para sufrir víctima del arrepentimiento. Leamos finalmente los versos de «Debo llegar», uno de sus últimos poemas: «Ya se acerca el final. ¡Playa a la vista! / La orden de bajar vibra en el aire. / Debo llegar... Pero llegar ¿a dónde? / y si llego sin mí... ¿para qué llego?»

La cruz de Julien

Julien Green

Durante 40 años, el novelista Julien Green (1900-1998) llevó uno de los diarios más minuciosos y confesionales de la literatura francesa. En sus páginas busca explicar su personalidad atormentada; relata sus experiencias con personajes como Salvador Dalí, André Malraux y André Gide, entre muchos otros; pero sobre todo habla de los temas que lo obsesionaron toda la vida: el pecado, la individualidad, el vicio y la conciencia del mal.

Tal vez se inspiró en Gide, quien también publicaba de manera constante las páginas de su diario íntimo. De alguna forma, ambos buscaban explicarse ante sus lectores, pretendían ser comprendidos, y para ello escribían como si se confesaran. Pero también tenían sus diferencias. Cada vez que podía, Gide le recriminaba a Green su falta de compromiso político: «Tarde o temprano tendrás que tomar un partido entre el comunismo y el fascismo. No todo es tu literatura con personajes neuróticos, con vidas monótonas y encerrados en casas antiguas. Algún día tendrás que escribir de frente a la vida real». Gide se equivocaba, Green nunca salió de ese mundo lleno de angustia y crimen. Pocas personas se dieron cuenta de que nunca podría mostrar su verdadero rostro. Por más que pasó años y años escribiendo un diario íntimo, nunca tuvo el valor de llegar a lo más profundo de su personalidad.

Hay que decir que, en 1971, Green fue el primer escritor extranjero aceptado por la Academia Francesa. Ocupó la silla que dejaba con su muerte el novelista François Mauriac, y siguió en ella hasta que muy poco antes de su muerte, renunció, ya que no se sentía un escritor francés. Cuando el Presidente Georges Pompidou le ofreció la nacionalidad francesa, años antes, Green rechazó amablemente la propuesta. Aún cuando había nacido en París, sus padres decidieron que conservara, como ellos, la nacionalidad estadounidense. Sin embargo, desde niño, Green se fascinó con la lengua francesa. Curiosamente, su familia intentaba que no perdiera sus raíces estadounidenses; su madre le hablaba todo el tiempo de sus antepasados, los cuales habían luchado del lado de los estados esclavistas durante la Guerra de Secesión. De ahí que siempre fuera fiel a las ideas conservadoras de su madre.

A los 16 años se enroló voluntariamente en el Ejército francés. Ahí vivió una experiencia traumática. En una ocasión, dos oficiales fueron acusados de «sodomía»; a uno de ellos, que era bastante mayor que el otro, lo humillaron públicamente y lo expulsaron del ejército. Poco después, Green estuvo muy cerca del otro oficial, en una ambulancia, y no pudo evitar mirarlo con deseo. En su Diario escribió: «Por primera vez en mi vida, sentí la presencia del mal y, a través de la tentación del mal, el diablo se me insinuaba, no por el amor, sino por el vicio». Una vez que terminó la guerra, fue enviado a conocer el país de sus padres, y en él encontró una experiencia todavía peor con sus compañeros de la Universidad de Virginia, en Charlottesville. Sus condiscípulos tal vez sabían de su homosexualidad, y comenzaron a mostrarle pornografía, luego lo obligaron a participar en una masturbación colectiva y finalmente abusaron de él. Lo curioso es que Green, a lo largo de su Diario, intentaba explicar incluso las causas más nimias que hubieran podido condicionar su sexualidad. Mas, a este pasaje le dedicó sólo unas líneas, las cuales terminaban con la frase: «Lo olvidé todo».

Entonces decidió encerrarse a estudiar en su cuarto lleno de libros. A veces iba a leer a la biblioteca de la universidad, en donde fantaseaba con su admirado Edgar Allan Poe. «Tal vez, aquí mismo, en esta mesa se sentaba hace cien años Poe, a leer estos mismos libros», se decía. No cabe duda de que ese ambiente, sus lecturas, su timidez cada vez más marcada y, sobre todo, su religiosidad, le impidieron reflexionar sobre su homosexualidad. Al final de su vida contó que le costó dos años de sufrimiento, pero que había logrado superar «la cruz de la sexualidad», como él decía. Años después, se encontró con libros que trataban de patologías sexuales. Tal vez entonces se dio cuenta de que le iba a ser imposible relacionarse correctamente con los demás. Los personajes de sus novelas no conciben relaciones amorosas armónicas, siempre se asoma el fantasma de la violación, el abandono y el asesinato. Sus personajes son monótonos, solitarios y autodestructivos. Así ocurre en todas sus novelas, como *Adrienne Mesurat*, *Léviathan* y *Si yo fuera usted...*, entre otras.

Podemos estar seguros de que durante mucho tiempo, Green se encontró insatisfecho con su destino. Tal vez entonces se preguntó: ¿qué pasaría si pudiera ser otra persona? Esta pregunta la respondió en la última de estas novelas: trata de un personaje que puede elegir convertirse en otra persona. Sin embargo, su respuesta está basada en la resignación: «Creo, en efecto, que si cada uno de nosotros está aprisionado en su personalidad, es porque la sabiduría de Dios así lo ha querido, pero nada cuesta soñar en lo que pudo haber sido. ¿Quién de entre nosotros no se ha dicho alguna vez: si yo fuese él... o si yo fuese usted?» Sin duda, Julien Green estuvo toda su vida encerrado en un mundo aparte.

A puerta cerrada

JAIME TORRES BODET

TENGO FRENTE A MÍ una foto de Jaime Torres Bodet (1902-1974), de niño. Se nota que sus padres, muy a la moda de la burguesía de principios del siglo pasado, lo llevaron a un estudio fotográfico. Ahí, muy seriecito, Jaime está sentado en una silla de madera, con relieves florales en el respaldo y dos caras de león en los brazos. Tiene el pelo largo, lleva abrigo y zapatitos blancos. Llama la atención que tenga un gesto tan pensativo. A causa de su actitud, dan ganas de decirle don Jaime ya desde esa época. ¿Cómo habrá sido su familia? ¿Su padre, don Alejandro Torres? ¿Y su madre, doña Emilia Bodet? Seguramente vieron que, desde muy pequeñito, Jaime tenía una sensibilidad muy especial.

A doña Emilia la imagino aprensiva con su hijo. No era para menos pues Jaime tenía un hermano menor que murió cuando era un niño. Doña Emilia se negó a que Jaime fuera a la escuela y decidió educarlo ella misma en su casa de la calle de

Independencia, en el Centro. Eso explica su carácter retraído. A Jaime, desde muy pequeño, le gustaba ir al cine mudo —a ver películas de aventuras— o recorrer la ciudad. Desde muy joven se convirtió en un conocedor de la ciudad de México. A los 15 años ya había escrito su primer libro de poesía. Claro, a nadie le extrañó que un joven inteligente y tímido fuera tan buen poeta. A los 16 años ya lo había publicado con el título de Fervor. Leamos algunos versos de su poema «Paz»:

No nos diremos nada. Cerraremos las puertas.
Deshojaremos rosas sobre el lecho vacío
y besaré, en el hueco de tus manos abiertas,
la dulzura del mundo, que se va, como un río...

Lo que nadie se preguntaba era por qué tenían que cerrarse las puertas. ¿Qué tenía ese amor que nadie podía verlo? ¿Por qué sus libros de memorias hablan de un escritor enamorado de la literatura y del servicio público? ¿Por qué no fue un apasionado del amor como sus amigos Salvador Novo y Xavier Villaurrutia? Dicen que contenía sus sentimientos, porque no le quedaba de otra. Hablar de manera más abierta acerca de su vida privada significaba terminar con sus aspiraciones políticas. Recordemos que entonces era muy importante que los diplomáticos estuvieran casados, ya que era muy mal visto que un soltero representara a su país.

Si hay alguien de clóset en nuestro país es don Jaime. Seguramente, todo el tiempo se murmuraron cosas respecto a su vida íntima. Por ejemplo, que nunca tocó a Josefina, su esposa. En una ocasión le escuché a Carlos Monsiváis una anécdota al respecto, que don Jaime le decía a su mujer: «Si te toco, se acabaría todo el respeto que te tengo, y se acabaría el gran concepto que tengo de ti». También se contaba que su gran amor era el poeta Bernardo Ortiz de Montellano, desde que se conocieron en la preparatoria.

Se dice que tuvo muchas relaciones con soldados, a los cuales conoció en las calles de la ciudad cuando era joven. Cuál no sería su sorpresa que años más tarde volvió a encontrárselos cuando algunos llegaron a altos puestos del gobierno e, incluso, uno de ellos a ser secretario de la Defensa.

En la poesía de Jaime se percibe un cierto sufrimiento por llevar una vida oculta. Sin embargo, para él era una situación necesaria. Tal vez por esa causa dicen que le tenía tanto miedo a la amistad de Salvador Novo, quien no perdía la oportunidad de hacer chistes, referencias veladas y hasta epigramas de sus amigos.

Don Jaime sacrificó muchos aspectos de su vida para convertirse en uno de los mejores funcionarios de nuestro país. Qué lejos está don Jaime de otros secretarios de Educación. Sinceramente, no nos imaginamos a ningún funcionario actual como Presidente de la UNESCO ni que tengan la visión de don Jaime con respecto a la educación. Puede decirse que era un apasionado de la causa de la cultura. No obstante, con los años llegó a estar fastidiado. Dicen que tenía un profundo tedio por la vida y que sufría muchos dolores a causa de una fractura de la pelvis, y que poco antes de su muerte le diagnosticaron cáncer.

Una semana antes de morir, se encontró a Rafael Solana, quien era su secretario, y le dijo: «Si algo me sucede, quiero que usted revise mis papeles». Apenas una semana después, don Jaime estaba en su casa de las Lomas de Virreyes, doña Josefina había sacado a pasear a los perros, y cuando regresó encontró que su esposo se había disparado con una pistola: se encontraba sentado en el sillón de su biblioteca. Junto a él estaba una nota en la que se leían estas palabras:

> He llegado a un instante en que no puedo, a fuerza de enfermedades, seguir fingiendo que vivo. A esperar día a día la muerte, prefiero convocarla y hacerlo a tiempo. No quiero dar molestias ni inspirar lástima a nadie. Habré cumplido hasta la última hora con mi deber.

Aunque muchos han cuestionado a este escritor, debemos decir que tanto su prosa como su poesía son muestra de lo mejor de lo escrito en la literatura mexicana del siglo xx. Su poesía demuestra que era un hombre con más contradicciones y conflictos de los que parece a primera vista. Como muestra, terminemos con este fragmento de «Dédalo», uno de sus mejores poemas:

Enterrado vivo
en un infinito
dédalo de espejos,
me oigo, me sigo,
me busco en el liso
muro del silencio.
Pero no me encuentro.

Morir de amor

Xavier Villaurrutia

En los tan helados días de diciembre, se cumplen 60 años de la muerte del poeta de la muerte y del sueño, me refiero a Xavier Villaurrutia (1903-1950). Dicen que esa noche de Navidad, el escritor la pasó con sus alumnos de teatro en una reunión, y que se despidió muy contento. Cuando llegó a su casa, subió a su habitación y, antes de acostarse, le habló a su hermana. «¿Me podrías traer una taza de té? No me siento bien». Su hermana bajó a la cocina y cuando regresó al cuarto, vio que su hermano estaba tirado en el suelo. Apenas se dio cuenta de la situación, le habló a Pepe Delgado, quien era el mejor amigo del autor de *Nostalgia de la muerte*.

«Está muerto. Tuvo un infarto», comentó el médico desencajado. Desde entonces, surgieron rumores de que Villaurrutia, en realidad, se había suicidado. Apenas unos días antes, Xavier había estado con Pepe y, antes de despedirse, le dio una hojita con un poema dedicado a la muerte, una especie de epitafio.

Para nada se imaginaba que unos días más tarde, iban a avisarle que su mejor amigo acababa de morir.

Ciertamente, Villaurrutia estaba muy deprimido, pues no hacía mucho que se había peleado con Salvador Novo. Dicen que durante mucho tiempo, Xavier intentó que se estrenara en Bellas Artes una de las obras de su amigo el pintor y escritor Agustín Lazo. Novo, que era director de Teatro del INBA, le había prometido que así lo haría. Pero cuál sería la sorpresa de Xavier cuando llegó a su estudio la cartelera de Bellas Artes. Ahí se dio cuenta de que en lugar de la obra de Lazo estaba por estrenarse *Rosalba y los llaveros*.

Entonces, fue a visitar a Novo para saber qué había ocurrido. Ahí, quienes habían sido los mejores amigos se pelearon y se insultaron terriblemente. Xavier salió furioso de la oficina de Novo; afuera estaba su amigo Pepe, quien lo acompañaba a todos lados. Juntos se fueron a tomar un café para calmarse un poco. Era tanto el coraje de Xavier por haberse peleado con Salvador que, quizás, este coraje haya influido en su muerte tan repentina. Desafortunadamente, Xavier murió sin reconciliarse con su gran amigo —Salvador—, aquel con quien aprendiera a gozar de la poesía, con quien compartiera sus lecturas de literatura francesa y con quien comenzara a compartir sus confidencias más íntimas.

Gracias a *La estatua de sal,* memorias de Novo, nos enteramos que ambos escritores se conocieron en la Preparatoria, quizás en los patios de San Ildefonso. Villaurrutia escribió:

> Vivíamos y leíamos furiosamente. Las noches se alargaban para nosotros a fin de darnos tiempo de morir y resucitar en ellas cada uno y todos los días. El tedio nos acechaba. Pero sabíamos que el tedio se cura con la más perfecta droga: la curiosidad. A ella nos entregábamos en cuerpo y alma. Y como la curiosidad es madre de todos los descubrimientos, de todas las aventuras y de todas las artes, descubríamos el mundo, caíamos en la aventura peligrosa e imprevista, y, además, escribíamos. La vida era para

nosotros —preciso confesarlo— un poco literatura...
Él era, lo habréis adivinado, Salvador Novo. Yo era
un retrato mío de hace diez años.

Juntos, los dos amigos, hicieron una magnífica revista literaria, Contemporáneos; juntos montaron obras de teatro, y juntos se volvieron los mejores amigos de Antonieta Rivas Mercado. Más adelante, Xavier viajó a Estados Unidos en una ocasión, y escribió uno de los mejores poemas gay, inspirado en los marinos que vio en San Diego. En el poema que les dedicó, «Nocturno de los ángeles», escribió: «En sus cuerpos desnudos hay huellas celestiales; / signos, estrellas y letras azules. / Se dejan caer en las camas, se hunden en las almohadas / que los hacen pensar todavía un momento en las nubes».

Justamente el día en que se anunció la expropiación petrolera, es decir el 18 de marzo de 1938, Xavier conoció a un joven militar en la calle. Apenas se vieron, comenzaron a hablar. Dicen que cuando le preguntó su nombre, Xavier se sintió muy decepcionado, no le gustaba su nombre, así que decidió llamarlo «Pierre». Villaurrutia nunca se había enamorado tanto, estaba feliz. Comenzó a dedicarle muchísimos poemas amorosos, aunque dicen que en realidad Pierre no terminaba de comprender todos los sentimientos que despertaba en Xavier. Quizá no entendía la complejidad de sus afectos que estaban en las estrofas bellísimas de sus poemas.

Estuvieron juntos siete años, hasta que un día Pierre le dijo que debían dejarse, porque había decidido casarse. Por más que Villaurrutia le suplicó, le lloró, le mandó cartas, lo buscó y le pidió que no lo dejara, su amante había tomado una decisión inquebrantable.

«Es que yo necesito tener mi familia», le dijo con mucha ternura. Desde esa ruptura, el poeta ya nunca fue el mismo. Deseaba morirse con todas sus fuerzas. No en balde siempre insistió en decir que el amor conduce a la muerte.

Finalmente, quiero agradecer a mi amigo Pável Granados, quien me contó algunas de las historias poco conocidas de la vida de Xavier Villaurrutia.

Tímido silencio

Salvador Novo

Dicen que la historia de un hombre se encuentra resumida en su actitud. Nada puede ser más cierto, sobre todo para hablar de un personaje tan importante de la cultura de nuestro país como Salvador Novo (1904-1971), el cronista de la ciudad de México, el periodista que contaba cómo era la ciudad en la época de Lázaro Cárdenas y que siguió escribiendo semanalmente hasta el último día de su vida, cuando gobernaba Luis Echeverría. Gracias a sus crónicas, la gente se enteraba de lo que pasaba en cenas a las que acudían el Presidente de la República, cocteles exclusivos, inauguraciones en museos; lo que había ocurrido con Dolores del Río y Pedro Armendáriz en la premiere de María Candelaria, y cuánta gente se aburrió con la conversación de Artemio de Valle Arizpe en la reunión de la Academia de la Lengua, entre muchos otros temas.

Pero de lo que realmente se enteraban los lectores era de la vida diaria de uno de los personajes más famosos de México, al cual iban a saludar los Presidentes y al que la gente reconocía en la calle porque hablaba en el programa «24 Horas». Todo mundo sabía que Novo vivía en la calle Salvador Novo, y que muy cerca de ahí, casi llegando a Río Churubusco, tenía su propio teatro en el que se montaba lo mejor de los años cincuenta. Se contaba sobre él todo tipo de chismes: que Wolf Ruvinskis lo demandó por acoso sexual, o que en una ocasión propuso matrimonio a su alumna la joven actriz Beatriz Aguirre. Pero la fama de que gozaba este maravilloso escritor, se esfumó en un segundo cuando apoyó a Díaz Ordaz durante la represión del 68. Pero recordemos lo mejor de su vida y obra.

Novo tenía sus manos perfectamente cuidadas gracias a una estupenda manicurista y vestía impecablemente, pero a finales de los cuarenta ya había perdido casi todo el pelo. Así es que su maquillista, Toña Horcasitas, le habló de las ventajas de tener una peluca. Mientras ella hablaba, Novo se imaginaba estrenando su peluca:

¿Será la vanidad lo que me lleva a usar un disfraz semejante?, ¿o bien es la cobardía ante el paso de los años?, ¿o, por el contrario, es una forma de dar de qué hablar?

Un día en que Bellas Artes tenía un lleno total, Novo llegó con su peluca. Nadie escuchaba a Stravinsky, quien dirigía en aquella ocasión a la Sinfónica; el público estaba pendiente de Novo. En el intermedio, todo el mundo se acercó a él para opinar sobre su nuevo *look*. «Todos acordaron que la peluca me rejuvenecía entre 10 y 80 años», escribió en su columna. En *Salvador Novo. Lo marginal en el centro*, Carlos Monsiváis escribió que con estas actitudes Novo dominaba el «miedo al ridículo», de esta forma se convertía en una especie de intocable, ya que él hacía de sí mismo los mejores chistes. Como podemos leer en estas líneas:

Porque yo fui escritor, y éste es el caso
que era tan flaco como perra galga;

crecióme la papada como nalga,
vasto de carne y de talento escaso.

¿Cómo olvidar sus epigramas, sus sonetos satíricos y sus parodias? Escribía haciendo burla de Xavier Villaurrutia, de Jaime Torres Bodet y de Diego Rivera, entre muchos otros.

Asimismo, sus memorias de iniciación sexual eran de los textos más celosamente guardados, hasta que CONACULTA las publicó en 1999, cuando se cumplieron 25 años de la muerte de Novo, con el título de *La estatua de sal*. Cuántas personas no habrán temblado sólo de imaginarse que en sus memorias Novo mencionara por sus nombres a sus amigos, conocidos y muchos de los famosos de su época. Gracias a sus páginas, nos enteramos de su afición por los taxistas, de las formas de ligue en la época de la Revolución, de la represión sexual que existía entonces, pero, sobre todo, de la forma de vivir tan secreta y despreciada de los gays de entonces.

Llama la atención que, a pesar de la gran cantidad de aventuras sexuales que tenía Novo, siempre fue un hombre solitario. Como dice Monsi, el homosexual de entonces se sentía sin derecho a gozar de un amor correspondido. Nos imaginamos que Salvador tenía una gran cantidad de fantasmas, ¿cuáles habrán sido? ¿El asesinato de su tío paterno a manos de los villistas que le tocó presenciar cuando era niño?, ¿o la relación con su madre, su verdadera compañía a lo largo de su vida? Acerca de su dependencia mutua, hay que decir que Novo murió apenas unos años después que ella.

Dice Monsiváis que sólo se sabe de una pareja sentimental de Novo: Agustín Flores Urrutia, un joven «del amor fácil» de quien se enamoró perdidamente. Pero este joven no estaba dispuesto a compartir su vida con el cronista y lo abandonó sin avisarle. Un día, cuando habían pasado muchos años, Novo vio pasar a ese amor que tanto lo había lastimado; dicen que escribió «La cuenta perdida», una canción ranchera que cantaba maravillosamente Lola Beltrán.

¿A quién más habrá querido Novo? Dicen que sus amigos más queridos fueron Xavier Villaurrutia y Federico García

Lorca. A este último lo conoció durante un viaje a Argentina. Pero por más grandes que fueron estas amistades, no se dio ningún enamoramiento. Novo fue el más público de los escritores, pero sigue siendo el más secreto. Nos quedaremos con las ganas de saber a quién escribió sus maravillosos versos de amor: «Amar es este tímido silencio / cerca de ti, sin que lo sepas, / y recordar tu voz cuando te marchas / y sentir el calor de tu saludo».

Los conflictos de Tennessee

Tennessee Williams

Se cuenta que el enorme éxito de Tennessee Williams (1911-1983) tuvo que ver con su «alta concentración en el mundo del inconsciente». Este inigualable dramaturgo estadounidense supo leer en los sueños, en los deseos y en los miedos de los habitantes de su país. Uno de sus temas favoritos fue el de los secretos de familia, esos secretos que mantienen unidos a sus miembros y al mismo tiempo en lucha constante.

Williams se especializó en personajes frágiles, amenazados todo el tiempo por la locura, pero no hay que olvidar que el máximo conflicto de sus obras teatrales tiene que ver con la vocación y el destino. Varios de sus personajes son jóvenes que necesitan afrontar su vida y, para ello, tienen que encarar a su familia o a la sociedad. No cabe duda que hizo personajes entrañables y llenos de momentos trágicos. Naturalmente, la homosexualidad aparece todo el tiempo en sus obras, pero siempre es representada por personajes que no saben bien cómo enfrentar su vida.

El director de cine, Elia Kazan, dijo que Tennessee Williams era un hombre sin piel, completamente vulnerable y cruelmente honesto. Con toda razón, Marlon Brando escribió en sus memorias que era «un poeta de alma prístina que padecía una neurosis profundamente arraigada, un hombre amable y sensible destinado a destruirse a sí mismo» (*Las canciones que mi madre me enseñó*, Anagrama, 1994).

Aunque su nombre real era Thomas Lanier Williams, sus compañeros de la universidad lo llamaban «Tennessee» a causa de su marcado acento sureño. En efecto, Tennessee había nacido en el Misisipi, en una familia profundamente conservadora. Edwina, su madre, no dejaba de lamentarse cómo la Guerra de Secesión había terminado con las buenas familias del sur. Esa mujer que no quería aceptar que los tiempos habían cambiado, ejerció sobre su hijo una gran influencia.

Cuando era niño, a Tennessee le diagnosticaron difteria, por lo que tuvo que pasar un año en cama. Fue entonces que Edwina le dijo: «No voy a permitir que pierdas el tiempo. Tienes que aprender a usar tu imaginación para que no te sientas tan solo en este cuarto». Sí, Tennessee se sentía muy solo, sobre todo porque su padre, Cornelius Williams, abandonó a su familia por entonces. Ciertamente, nunca había sido un padre hogareño: gracias a su trabajo de viajante aprovechaba para pasar largas temporadas lejos de su familia. Fue entonces que ese niño solitario y enfermizo aprendió a soñar: a esa edad comenzó a contarse sus primeras historias y a imaginar a sus propios personajes.

La primera obra de Tennessee que tuvo éxito fue El zoológico de cristal, estrenada en 1944. Dicen que el empresario del Teatro Cívico de Chicago no tenía mucha confianza en la obra, pero el autor insistió para que la obra continuara en cartelera. Tanto le insistió que el empresario decidió continuar. Unas semanas después, el público comenzó a llenar las salas de manera intempestiva.

El primero en sorprenderse fue el propio Tennessee, pues no se imaginaba que su obra de pronto se volviera tan popular. En *El zoológico de cristal*, el autor habla de su propia vida, como en el fondo lo hacía en todas sus obras, aunque siempre de una manera sutil y poética. En *El zoológico de cristal* se refiere a una madre que intenta conseguirle novio a su hija, la cual tiende a la fantasía, a la soledad y, tal vez, a la locura. Claramente, se trataba de una alusión a la vida familiar de Tennessee, ya que su hermana Rose desde muy joven dio muestras de locura y, en 1934, sus padres tuvieron que autorizar una lobotomía.

Por desgracia, la operación resultó un fracaso y Rose tuvo que pasar su vida en un hospital psiquiátrico. Su hermano, que la idolatraba, la volvió el personaje de muchas de sus obras, en las cuales siempre aparece una mujer solitaria, soñadora, aparentemente frágil, pero, sobre todo, angustiada de no poder realizar ninguna de sus fantasías.

Es el caso de Blanche Dubois, la protagonista de *Un tranvía llamado deseo* (1947), magníficamente interpretada por Vivien Leigh en la adaptación fílmica. Blanche va a visitar a su hermana Stella, llega con todos los prejuicios del antiguo sur y se escandaliza de que ella esté casada con un polaco, Stanley (una de las mejores actuaciones de Marlon Brando). Conforme avanza la obra, se sabe que el marido de Blanche se ha suicidado a causa de su homosexualidad. El centro de la obra es la tensa relación de la protagonista con su cuñado, la cual desemboca en una violación. Sin duda, esta obra es considerada una de las más importantes de la literatura estadounidense.

No cabe duda que ésta fue la obra cumbre de Tennessee Williams, la que le dio fama y prestigio... pero quién diría que iba a ser un éxito tan difícil de llevar. Por un lado, llevaba la vida social de una celebridad, pero por otro continuaba sus conquistas clandestinas, con jóvenes a los que no volvía a ver.

En una ocasión, en 1948, conoció a Frank Merlo, uno de esos jóvenes a los que suponía pasajeros. Nunca se imaginó que Frank se iba a convertir en su gran pasión, que iban a estar juntos durante 15 años a pesar de sus serios conflictos, y que, finalmente, Frank moriría de cáncer de pulmón en 1973. Desde entonces, Tennessee dio rienda suelta a su depresión y a su carácter autodestructivo.

Dicen que desde la mañana comenzaba a tomar y a ingerir drogas hasta que una tarde de 1983, mientras luchaba por abrir una cajita de pastillas de Seconal, murió atragantado por la tapa de sus medicinas para el insomnio. Marlon Brando escribió al respecto que si bien Williams no pretendía suicidarse, cada uno de sus actos lo había conducido a ese terrible fin.

Por último, quiero recomendarles las adaptaciones fílmicas de las obras de Tennessee Williams, especialmente *Un tranvía llamado deseo, La gata sobre el tejado caliente,* con Paul Newman y Liz Taylor, pero especialmente *La noche de la iguana,* con Richard Burton, Ava Gardner y Deborah Kerr.

Biografemas

ROLAND BARTHES

SERÁ QUE SIGO MUY SENSIBLE con la reciente desaparición de Carlos Monsiváis (1938-2010), pero creo que hay muchas similitudes entre nuestro escritor y Roland Barthes (1915-1980), el pensador francés. Ambos fueron educados por una madre protestante (en ausencia de su padre), ambos fueron de una personalidad muy discreta y tuvieron una inteligencia privilegiada que los llevó a tratar todo tipo de temas, en especial eran aficionados al espectáculo. Hay quien dice que Monsiváis, al escribir de Agustín Lara, de los cómics y del PRI, tenía un gran paralelismo con el libro de Barthes, *Mitologías,* en el que habla de la moda, de Greta Garbo e incluso de los romanos en el cine actual.

Barthes fue uno de los grandes críticos literarios de nuestro tiempo. No le gustaba encontrar verdades secretas en novelas, cuentos y poemas; tampoco pretendía llegar a la verdad de cómo se leía en otro tiempo a escritores como Balzac o Racine. Sólo quería saber cómo entender la literatura desde su propio tiempo. Pero, ¿cuál era su tiempo? Fue el de la Primera Guerra Mundial, la época en que se desarrolla la cultura de masas, el ascenso del fascismo y los movimientos estudiantiles en todo el mundo.

No era un intelectual al que le interesara sólo lo más artístico, sino que tenía curiosidad por todo lo que ofrecía su tiempo. Le encantaba hablar sobre cine, moda o publicidad. Al mismo tiempo le fascinaban todos los productos de la sociedad de consumo, pero odiaba que la burguesía pretendiera universalizar sus valores. Claro, sabía que se trataba de una contradicción, y por esa causa decía: «Reclamo vivir plenamente la contradicción de mi tiempo».

Barthes prácticamente no conoció a su padre, quien murió en combate durante la Primera Guerra Mundial. Fue entonces que su madre decidió dejar Cherburgo, al norte de Francia, para irse a vivir a Bayona, un pueblo cercano a la frontera con España. Ahí vivió con ella, una mujer protestante a la que estuvo ligado muy estrechamente toda su vida. Cuando murió, Barthes escribió:

> La muerte de mamá: quizá esto es lo único en mi vida que no he tomado neuróticamente. Mi duelo no ha sido histérico, apenas visible para los otros (tal vez porque la idea de «teatralizarlo» me habría sido insoportable); y, sin duda, si hubiese sido más histérico, si hubiese ostentado mi depresión, despidiendo a todo el mundo, dejando de vivir socialmente, habría sido menos desgraciado. Y veo que la no-neurosis no es algo bueno, que no está bien.

La casa de su infancia dejó una enorme huella en su memoria. También recordaba a sus abuelos, su madre caminando por las calles de Bayona. Parecía como si todo lo que escribiera fuera una serie de apuntes, de recortes, como un álbum fotográfico. En el libro en el que habla de sí mismo, Roland Barthes por Roland Barthes, deja que las fotografías hablen; él sólo puso pequeños pies de foto y alguno que otro recuerdo.

Barthes pensaba que todas las vidas eran una especie de rompecabezas. Roland pensaba que para entender a un artista había que conocer los aspectos más significativos de su vida, las pequeñas anécdotas que podían ayudar a entenderlos. A estas partes las llamó biografemas, y uno de sus principales proyectos era hacer una enciclopedia de vidas de hombres ilustres; su plan era leer biografías de grandes artistas y extraer los principales rasgos de su vida.

En el caso de Barthes, ¿cuáles serían esos biografemas que nos ayudarían a comprenderlo? Su orientación sexual sería clave. Tal vez su formación religiosa lo hizo ser muy discreto en este sentido. Dice el crítico Stephen Heath que toda la obra de Barthes está atravesada por una sensibilidad gay. Barthes reflexionó sobre la forma de ser del homosexual en la sociedad: creía que los roles sexuales de los gays eran una forma de plegarse a las demandas sociales.

Otro de los aspectos centrales de su vida fue la tuberculosis que sufrió a los 19 años. Durante mucho tiempo luchó contra la enfermedad y, cuando dejó el hospital, notó que su cuerpo había dejado de ser delgado. Barthes inició una guerra para recuperar su peso original. Pensaba de manera algo ingenua que ser delgado era una manera de ser inteligente. Otro aspecto de su vida fue el turismo sexual, que lo llevó a Marruecos, pues en los años cincuenta era un lugar que frecuentaban personajes como Tennessee Williams, Michel Foucault e Yves Saint Laurent.

En cuanto al amor, Barthes pensaba que se trataba de un discurso «de una extrema soledad». Asimismo, pensaba que se estaba abandonando el lenguaje como un instrumento del placer. En el fondo era un defensor del amor auténtico, de un amor libre, pero sobre todo del amor sin prejuicios.

A los 65 años, una mañana, mientras se dirigía a la Sorbona, Barthes murió atropellado. Quedaron muchos planes por desarrollar, pues Barthes era un trabajador incansable: quería escribir un libro acerca de cómo se vive el deseo en nuestra vida cotidiana, un libro que explicara si se sentía o no feliz de ser francés, una obra que hablara de lo que sentía cuando pintaba, las costumbres de los intelectuales, una enciclopedia de la comida… También tenía el proyecto de tomar un libro clásico y, a lo largo de un año, relacionarlo con la vida diaria. Desafortunadamente, todo quedó en proyecto, pero lo que dejó escrito es uno de los grandes legados de la cultura francesa.

Hambre de amor

Pier Paolo Pasolini

Pier Paolo Pasolini (1922-1975), poeta, novelista y cineasta, fue un militante, un crítico y un provocador que no se sentía cómodo en ninguna parte. Se destacó como una de las voces más respetadas y temidas del periodismo italiano; criticó a la Iglesia lo mismo que al Partido Comunista y mantuvo posiciones políticas controvertidas. Aunque era un militante de izquierda, atacó el divorcio y el aborto por considerarlos fenómenos de la decadencia capitalista. Y cuando se desató el movimiento estudiantil de 1968, escribió un agresivo poema:

> Tenéis cara de hijos de papá
> ¡Yo simpatizaba con los policías!

Para muchos, Pasolini era un artista al que le gustaba perderse en el pasado y evadir el terrible presente que le tocó vivir en su juventud, en la Segunda Guerra Mundial. No obstante, fue el artista italiano que mejor supo combinar los lenguajes más variados, como cine, literatura, teatro, música y poesía. Pero más que ser un nostálgico del pasado, se interesó por los clásicos y los volvió temas de moda. Gracias a él, obras como *El decamerón*, *Los cuentos de Canterbury*, *Las mil y una noches* o *Saló o los 120 días de Sodoma* volvieron a ser inquietantes.

Descubrió que la naturalidad era un arma para luchar contra la enajenación de la vida moderna, de ahí que los personajes de sus primeras películas vivan el erotismo con absoluto desenfado. Esta libertad que mostraban sus cintas enojaron tanto a los italianos, que Pasolini recibió 33 acusaciones por inmoralidad en sólo veinte años.

Basta con recordar la película *Teorema* (1968), en la que un joven enigmático llega a una casa burguesa y comienza a enamorar y seducir a cada uno de los miembros de la familia. Este personaje sin nombre, interpretado por Terence Stamp, que representa la naturalidad y el deseo, termina por desaparecer tan inexplicablemente como llegó. Al irse deja a todos aterrados por la parte oculta que descubrieron de sí mismos. Es evidente que este tipo de historias suscitaban la inquietud de la sociedad. Si bien no todos los italianos lo entendieron, Pasolini es un genio al que sólo se le puede comparar con directores como Federico Fellini o Vittorio de Sica. Y tampoco debemos olvidar que grandes figuras se entusiasmaron por trabajar con él, como María Callas en *Medea* u Orson Welles en *La ricotta*.

Pero su trabajo más polémico fue *Saló* (1975), adaptación de *Los 120 días de Sodoma*, del Marqués de Sade, que relata una serie de rituales sádicos llevados a cabo por cuatro aristócratas que secuestran a 18 jóvenes en un palacio. Era evidente que causaría escándalo, porque en la cinta aparecían menores y trataba temas tabú. En una escena, uno de los protagonistas decía: «Las monarquías no deberían reprimir el libertinaje, porque las cabezas ocupadas en libertinaje no maquinan revoluciones».

Pasolini nació en Bolonia. Su padre era un soldado famoso por haber salvado la vida de Mussolini. Dice uno de sus mejores amigos, el novelista Alberto Moravia, que la primera gran compañera de su vida fue la pobreza, pues su familia se ocultó durante la Segunda Guerra Mundial en la provincia de Friuli, en donde vivieron hambre y persecuciones. El mundo de la pobreza lo atrajo de manera irresistible, por lo que se convirtió en uno de sus temas fundamentales.

Desde entonces tenía conciencia de que no podía amar según se lo pedía la sociedad, por eso escribió a su amiga Silvana Mauri, en 1950:

> Los que no podemos amar según las normas, terminamos por sobreestimar la cuestión del amor. En mí, la dificultad para amar ha transformado la necesidad de amar en algo obsesivo... cuando, adolescente, el amor me parecía una quimera inalcanzable.

Cuánta tristeza vertió en su obra este poeta que buscó el amor y vivió en una eterna desilusión.

Cuando tenía 23 años, entró a trabajar como profesor en Roma. Dice Moravia que vagando por la ciudad se encontró a sí mismo y encontró también su voz como escritor y su personalidad como activista. Entró al Partido Comunista. Sus novelas y sus poemas causaban la reprobación de los conservadores, por lo que fue acusado de corrupción de menores y de realizar actos obscenos en público. No eran más que calumnias y Pasolini fue absuelto, pero su prestigio quedó arruinado. Primero fue despedido de la escuela en donde daba clases y después expulsado del partido «por indignidad moral».

Este genio murió asesinado brutalmente. Una noche de noviembre de 1975, un carpintero encontró su cadáver en un terreno baldío. Estaba boca abajo, con el pelo lleno de sangre. La cara se encontraba deformada a causa de los golpes. Por todo su cuerpo había huellas de neumáticos; el asesino lo había atropellado con su propio coche. Esa madrugada, los policías detuvieron a un joven de 17 años en el Giulietta 2000 de Pasolini. Cuando lo interrogaron, este joven llamado Giuseppe Pelosi confesó que lo había matado porque el director había querido tener relaciones sexuales contra su voluntad. Desde entonces se ha dudado que un solo asesino haya podido causar tantas lesiones; muchos piensan que pudo tratarse de una emboscada tramada para silenciar una de las voces más lúcidas de Italia.

Tal vez, antes de morir, en medio de la violencia, Pasolini recordó los versos con los que se refería a la muerte:

Vuelvo a ti, como vuelve
un emigrado a su país y lo redescubre:
he hecho fortuna (en el intelecto)
y soy feliz, tanto
como hace tiempo lo era, destituido por norma.

Sin restricciones

Susan Sontag

Susan Sontag (1933-2004), ¡qué personaje tan admirable es esta gran novelista y ensayista estadounidense! Con su mechón blanco sobre un rostro tan hermoso como serio, su mirada de absoluta inteligencia y una belleza fuera de toda duda: bellísima a los 20 años y bellísima a los 70. Combativa durante toda su vida, nunca se contuvo para decir lo que pensaba, así que a lo largo de sus viajes por todo el mundo escribió de lo que veía, sin miedo a la polémica. Susan Sontag amaba la discusión. Al final de su vida, durante el gobierno de George W. Bush, fue especialmente dura en sus comentarios acerca de la política de su país, pero asimismo fue muy crítica con respecto a la actitud de sus intelectuales.

En varias ocasiones, Susan vino a México, la última vez (en 1998) visitó la Unam y El Colegio Nacional, y luego fue a Chiapas junto con José Saramago. Esa vez, visitó la tumba en la que se encuentran los cuerpos de los asesinados de Acteal.

Sontag llegó a preguntar a los indígenas si tenían miedo de que la violencia siguiera desatada. Antes, mucho antes, Sontag visitaba México con frecuencia, para ver en Cuernavaca al filósofo Iván Illich, pues le gustaba ir a conocer sus experimentos pedagógicos. Elena Poniatowska, por entonces, le hizo una entrevista, en la que esta notable ensayista le habló de los conceptos que tenía sobre su propia persona:

> Podría vivir muy bien, pero quiero hacer las cosas difíciles para mí misma. Quiero seguir creciendo, quiero desarrollarme, quiero volverme más sabia. Creo que es demasiado fácil instalarse en una serie de ideas después de una cierta edad, y pasarse el resto de la vida con las mismas ideas. No quiero hacer eso. Eso es lo que le sucede a la mayoría de la gente, dejan de crecer después de una cierta edad. Cuando son jóvenes están abiertos y cuando llegan a una cierta edad se detienen y no hacen esfuerzos ni se ponen reto alguno.

Con razón la admiraba tanto Carlos Monsiváis, especialmente por el ensayo que Sontag escribió en 1966, *Notas sobre lo camp*. Este texto se hizo muy célebre, pues en él la autora se refería a una forma de sentir propia de la sociedad moderna, es decir, la estética camp. Para ella, lo camp es «una cierta manera del esteticismo, es una manera de mirar al mundo como fenómeno estético». De la misma manera, consiste en «cargar el acento en el estilo, menospreciar el contenido, o introducir una actitud neutral respecto del contenido». Entre los ejemplos de camp que proponía en su ensayo, se encontraban las lámparas Tiffany, *El lago de los cisnes*, las postales de King Kong, la cantante cubana La Lupe, los cómics de Flash Gordon, los vestidos de los años veinte con sus boas hechas de plumas…

Susan fue hija de Jack Rosenblatt, un comerciante de pieles que murió cuando ella tenía apenas 4 años. Su apellido Sontag lo tomó del segundo esposo de su madre, Nathan, quien realmente la crió. A los 19 años ya había terminado sus estudios de Letras, se había casado con Philip Rieff, un profesor de Sociología, y había tenido a su único hijo, David. Esta mujer tan combativa mantuvo oculta su vida íntima; se dice que toda su apertura para tratar temas políticos se esfumaba cuando alguien quería saber algo de su vida diaria.

Susan vivió durante casi dos décadas con la famosísima fotógrafa Annie Leibovitz. Annie y Susan se conocieron en 1988, cuando esta última publicó su libro *El sida y sus metáforas*. A partir de entonces, vivieron en departamentos contiguos, desde donde se podían ver una a la otra. Si algo le entusiasmaba a Susan era el trabajo de Annie. Susan era la crítica más dura, pero también la más generosa de la obra de *Annie*, la que promovía su obra y la que más disfrutaba con sus imágenes. En 1999, juntas hicieron un libro titulado *Women*, con fotografías de mujeres tomadas por Annie y textos de Susan.

A principios de 2004, un médico sin sensibilidad le diagnosticó cáncer: «No hay nada que hacer», le dijo. Susan se angustió, aunque era la segunda vez que se le hacía un diagnóstico similar. Treinta años antes logró sobrevivir a un cáncer sumamente agresivo, así que creía que podría vencer de nuevo la enfermedad. Desde el día en que supo que tenía una leucemia incurable, se dio a la tarea de informarse sobre la enfermedad, leía todo lo que tenía que ver con ella y sacaba fuerzas de su conocimiento. En *El País Semanal* (2008-12-14), la periodista Milagros Pérez Oliva, escribió que todavía «cubierta de llagas, con incontinencia y medio delirando», soñaba que conseguía curarse. Su hijo David confesó que no pudo despedirse de ella porque Susan nunca aceptó su muerte: «Mi madre estaba decidida a vivir sin importar cuán terrible fuera su sufrimiento». Toda la obra de Susan Sontag es muestra del amor sin restricciones que sentía por la vida y por la felicidad de escribir.

No sin Monsi

CARLOS MONSIVÁIS

EL 19 DE JUNIO, en el Museo de la ciudad de México, tuvimos la triste ocasión de acompañar por última vez a nuestro cronista Carlos Monsiváis. Desde que llegó su ataúd, cientos de personas lo recibieron con aplausos. Ahí estaban Elena Poniatowska, Marta Lamas, Cristina Pacheco, Alejandro Brito, Braulio Peralta, José Narro y Marcelo Ebrard, entre muchas otras personas. Cuando Horacio Franco hizo guardia, tocó varias piezas del siglo XVII y, al finalizar, puso sobre el ataúd la bandera con los colores del arco iris que simboliza el orgullo gay. Los asistentes aplaudimos con emoción. Sí, decididamente, Monsi fue uno de los que más hicieron por defender las causas de las minorías sexuales. En ese momento, recordé cuando comenzaba el suplemento «Letra S», dirigido por Alejandro Brito y publicado en *La Jornada*. Monsi ayudaba con sus textos, en los que atacaba la insensibilidad del Gobierno y la homofobia generalizada en el país. Cuando dirigía el suplemento «La cultura en México», ayudó a las feministas, publicándoles sus textos; y muchas veces les mostraba artículos sobre feminismo que descubría en publicaciones de otros países.

En ese momento, también me acordé de las veces en que Carlos se manifestó contra los crímenes por odio, furioso porque las autoridades llamaban «crimen pasional» a un homosexual asesinado. Como escribió Monsi al respecto:

> Los crímenes de odio se dirigen contra una persona y lo que simboliza, representa y encarna, y son en este sentido acciones de furia contra la especie. Los victimarios no conocen previamente a la víctima y al liquidarla se sienten en posesión de ese poder sin límite: el exterminio del mal (en el vocabulario homicida, el mal es el comportamiento detestado y es la debilidad física y social de la víctima). Los crímenes de odio más conocidos son los enderezados contra los gays, y este agravio histórico cobra cada año en México decenas de víctimas.

Qué bueno que el movimiento gay haya puesto su bandera sobre el féretro. Al día siguiente, la insignia también acompañó a la bandera de México y la de la UNAM. Desde hace muchos años, antes de que llegaran las noticias del sida, Monsiváis habló de los derechos de los homosexuales. Con razón, en su libro *No sin nosotros. Los días del terremoto, 1985-2005,* dice que en 1978, para conmemorar los diez años de la matanza de Tlatelolco, desfiló un pequeño contingente del Movimiento de Liberación Homosexual, aunque los medios no lo tomaron en cuenta. Pocos años después, escribió:

> La pandemia del sida, que en México afecta sobre todo a los gays, trastorna el panorama. El sida, entre otras cosas, impulsa la salida masiva del clóset. ¿Qué caso tiene ocultarse si la muerte está a la vuelta en un descuido, si los índices de infecciones y muertes señalan la fuerza demográfica de los gays?

A los seropositivos y enfermos de sida les tocan los ataques de pánico, las discriminaciones, los hostigamientos laborales que incluyen con frecuencia los despidos, los malos tratos en los hospitales, la negación de servicios.

También recordé a Carlos, tristísimo en aquel tiempo, cuando me contó que el sida le había arrebatado a muchos amigos. Desde mucho antes, ya había hablado de los peligros de la homofobia, pero a partir de entonces redobló sus esfuerzos por advertir contra la discriminación. Una de las luchas que llevó a cabo fue la de llamar la atención para que los asesinatos de homosexuales no fueran considerados «castigos morales», para que la sociedad no viera como «justos» esos crímenes.

En medio de tanta tristeza, también pensé que, por lo menos, el México que vio Monsiváis hace 40 años y el que lo despedía han cambiado mucho. Entonces ni de chiste se podía hablar con tanta libertad sobre la sexualidad, tampoco se podía concebir que miles de personas se desnudaran en el Zócalo para ser fotografiadas, y mucho menos podía pensarse en los matrimonios de personas del mismo sexo. Sin duda, muchos de quienes han luchado por los derechos de las minorías encontraron inspiración en los textos de Carlos, en su ironía, en su consistencia moral, pero sobre todo en su gran inteligencia. No cabe duda de que Monsiváis ya nos está haciendo falta; por suerte, siempre estarán sus palabras, «para documentar nuestro optimismo». Finalmente, permítanme citar unas sensibles palabras pronunciadas por él en 1994, durante una marcha en homenaje a los muertos por el sida:

> Todos los presentes, estoy seguro de que en los años del sida hemos conocido la desolación irreparable y hemos reconstruido nuestro sentido ético, al comprobar cuán escasamente preparados nos hallábamos para las crisis extremas, las oleadas de miedo, las presiones del moralismo salvaje con su cauda de linchamientos. Y todos, también, hemos advertido

con alegría compromisos inesperados y la acción humanista de personas, de grupos, de sectores.

LOS
OÍDOS

Amores anónimos

PIOTR ILLICH CHAIKOVSKY

CUANDO ERA NIÑO, nadie sospechaba que Piotr Illich Chaikovsky (1840-1893) sería el músico más famoso de su país y el
compositor ruso más admirado de Europa. Su carácter tímido
y su constitución frágil hacían pensar que Chaikovsky sería un
gran poeta. No era un niño como los demás, por lo que tenía
que soportar bromas pesadas de sus compañeros. No obstante,
aprendió a fingir que eso no le hacía daño, aunque lloraba des-
consoladamente, a veces hasta sufría convulsiones y desmayos.

A los 13 años, sus padres lo inscribieron en una escuela de
derecho, en donde conoció a su primer amor, el joven poeta
Alexei Apukhtin (1841-1893). Gracias a él, Chaikovsky se dio
cuenta de que su pasión no era la poesía, sino la música. Se lo
dijo a su padre, quien le respondió: «Pienso que tienes un talento muy especial para la música… así que te voy a pagar un
profesor de piano». Pasados seis años, cuando el joven cumplió
20, el profesor dijo al padre de Chaikovsky: «Su hijo carece de

talento. Además, ya es grande para comenzar una carrera de músico». Piotr se encontraba desanimado: «Mi maestro tiene razón, padre, ya soy grande. ¿O es que usted quiere que yo sea un Mozart a los 20 años?». Su padre no se conformó con esa opinión: «Petrusha, yo sé que tienes talento, y no es aún demasiado tarde para que te conviertas en un artista, así es que te voy a pagar clases en San Petersburgo».

Dice Nina Berberova, en su biografía Chaikovsky (Aguilar, 1987), que en esa ciudad Chaikovsky conoció a Wagner y a Liszt. Finalmente, visitó Moscú, en donde se hizo amigo de los mejores músicos de su tiempo, Borodin, Rimski-Korsakov y Musorgski. A pesar de que estos músicos lo querían mucho, pensaban lo mismo que su maestro de piano. Por entonces, su gran admiración era el músico Mili Balakirev, por lo que decidió dedicarle su primer poema sinfónico, «Fatum» (destino). Pero cuando se lo mostró, Balakirev le dijo: «Tu obra es un barullo horrible y el título le queda mejor a una marca de cigarrillos».

En 1869, Chaikovsky conoció a Desirée Artôt, cantante francesa que triunfaba en Rusia. Desirée, a sus 30 años, era virgen y poco agraciada. Pero cuando Piotr la escuchó quedó fascinado por su voz. De alguna manera, el compositor se sentía obligado a enamorarse de las mujeres, aunque todos murmuraban sobre sus preferencias sexuales. En el fondo, no sentía nada, pero le escribió una carta a su padre para decirle que estaba enamorado y a punto de casarse. Dicen que el padre de Chaikovsky lloró de la emoción, porque él, al igual que toda la sociedad de Moscú, estaba enterado de sus relaciones. Cuando se enteró del compromiso entre el joven compositor y Desirée, el músico ruso Nicolai Rubinstein fue a ver a la cantante y le dijo: «Es mi deber ponerte sobre aviso acerca de las tendencias de Chaikovsky». Ella se fue de gira y, un mes después, se casó con un cantante español.

Para muchas personas eso podría haber sido una auténtica tragedia, pero no para Chaikovsky. Lo que más deseaba era la libertad, sobre todo porque ya comenzaba a probar la fama, toda Europa quería conocer al compositor ruso capaz de escribir música con delicadeza inusitada. Además, por entonces comenzó a tener muchas aventuras con jóvenes de Moscú: con su criado, sus alumnos, su sobrino y hasta el hijo de un duque al que le daba clases, con los criados de sus amigos, sus admiradores, los hijos de sus amigos e, incluso, con jóvenes a los que conocía durante sus viajes. Por si fuera poco, sufría por cada uno de ellos, se enamoraba y los recordaba antes de dormir, mientras escribía su diario.

Curiosamente, dejó que dos mujeres se enamoraran de él. Una de ellas fue Nadezhda von Meck, una viuda rica que en cierta ocasión le escribió una carta para elogiar su música. Piotr le respondió de inmediato... para pedirle 3 mil rublos. Nadezhda, feliz de tener respuesta del compositor al que tanto admiraba, le mandó 5 mil. Nadezhda le mandó puntualmente mil 500 rublos mensuales para que Chaikovsky pudiera escribir, y así lo hizo durante 13 años, hasta que se enteró de su homosexualidad.

La otra mujer fue Antonina Miliukova, una estudiante del conservatorio. Un día, el compositor la visitó y, al día siguiente, recibió una carta que decía: «Usted ha visitado a una joven que vive sola, al proceder así, ha unido usted nuestros destinos. Si no quiere hacerme esposa suya, me mataré». Chaikovsky cedió al chantaje y se casó con Antonina, pero se trató de su peor decisión: ella resultó ser una mujer horrible. «La cabeza de Antonina está tan terriblemente vacía como su corazón», escribió Piotr. Era tanta su desesperación por estar casado con ella, que decidió suicidarse tirándose a un río. Sobrevivió, y cuando despertó en su cama, frente a su esposa, sintió tal odio que intentó ahorcarla.

Cuando estaba en su mejor momento, cuando Rusia lo admiraba más, Chaikovsky amaneció muerto. Nadie sabe si murió accidentalmente por tomar agua sin hervir en plena epidemia de cólera, o porque un tribunal secreto lo obligó a suicidarse para evitar que divulgara sus amores con el sobrino de un poderoso noble. Hasta hoy nadie lo sabe, ninguna de las biografías se arriesga a dar una versión definitiva. Lo único en lo que concuerdan sus biógrafos, es en que todos esos anónimos amores de Chaikovsky inspiraron la música más bella del siglo XIX.

Resplandor

COLE PORTER

HOY, CON MÁS NOSTALGIA QUE NUNCA, recordamos al compositor estadounidense Cole Porter (1891-1964). Creemos que desde hace mucho tiempo nadie le canta al amor con tanta despreocupación, con tanta alegría, pero, sobre todo, con tanta comprensión. Después de leer el espléndido texto de Sabina Berman en la revista *Proceso* («Las confusiones de la derecha mexicana», 26 de enero de 2010) nos enteramos de que existen mil 500 especies de animales en las que la homosexualidad se da naturalmente. Cómo me acordé entonces de la canción «Let's Do It», de Porter. Sería tan bonito que las personas de derecha y que todos aquellos que se oponen al matrimonio gay compraran sus discos y cantaran esta letra tan conciliadora:

En España, la mejor sociedad lo hace;
lituanos y letones lo hacen,
¡hagámoslo, disfrutemos el amor!

Los holandeses del viejo Ámsterdam lo hacen,
ya no digamos los finlandeses.
La gente en Siam lo hace,
hasta los gemelos siameses.
En Boston hasta los frijoles lo hacen,
¡hagámoslo, disfrutemos el amor!
Las almejas de Cape Cod, contra su voluntad,
lo hacen,
hasta las medusas flojas lo hacen,
¡hagámoslo, disfrutemos el amor!
Las anguilas eléctricas lo hacen,
aunque les choca, lo sé,
¿por qué preguntar si los sábalos lo hacen?,
¡mesero, tráigame de su hueva!
En los bajos, los lenguados ingleses lo hacen;
las carpas en la intimidad de sus peceras, lo hacen,
¡hagámoslo, disfrutemos del amor!
Las libélulas en las cañas lo hacen,
los ciempiés sentimentales lo hacen,
¡hagámoslo, disfrutemos el amor!

Este autor tan lleno de alegría y encanto nació en Indiana. En realidad, Cole Porter son los apellidos de sus padres, Kate Cole y Samuel Porter. El poeta Juan Gelman en su libro *Miradas: de poetas, escritores y artistas* (ERA, 2006), dice que Cole era «insolentemente rico», ya que su abuelo tenía una suerte excepcional: «Si talaba un terreno para vender madera, encontraba petróleo». No cabe duda de que el compositor heredó, además de la fortuna, esa buena suerte familiar. Sentía que su única responsabilidad era disfrutar la vida y lograr que los demás la disfrutaran.

Cuando tenía 6 años, Cole Porter comenzó a tocar el piano y el violín, pero este último no le interesó mucho, así que se dedicó con todas sus fuerzas al piano. A los 14 años se inscribió en una academia en Massachusetts, donde todos se dieron cuenta de que se trataba de un joven muy alegre, que componía canciones tan pegajosas que sus compañeros se aprendían de inmediato. A los 21 años, entró a la Escuela de Derecho, pues su abuelo deseaba que se encargara de sus negocios, pero se dio cuenta de cuánto necesitaba componer música. Decidió dejar todo e inscribirse en la Escuela de Música de Harvard.

Una vez que Estados Unidos entró a la Primera Guerra Mundial, en 1916, Cole viajó a África para tocar el piano a los soldados. Curiosamente, de esa época no se conocen canciones suyas. No obstante, la cinta *Night and Day,* de 1946, en la que Cole Porter es interpretado por Cary Grant, fantasea al respecto de su estancia en la guerra. Entre las trincheras, Porter habría escuchado los ritmos de los músicos negros y en ellos se habría inspirado para crear una canción destinada a ser la fascinación de la comedia musical *Begin the Beguine.* No obstante, hoy se cree que el compositor en realidad tuvo en París una despreocupada vida de dandy. Ahí conoció a Linda Lee Thomas, una hermosísima mujer ocho años mayor que él, de ojos azules, rubia y llena de una infinita comprensión hacia Cole. En 1919, se casó con Porter. Dicen que Linda quiso a su esposo y lo comprendió a pesar de que tenía claro que Cole buscaba aventuras con hombres. Seguramente Linda escuchaba las canciones de su esposo con una mezcla de admiración e inquietud, pues tal vez sospechaba que no era la inspiradora de gran parte de ellas. Tenía toda la razón, pues sus canciones más amorosas fueron dedicadas a sus jóvenes conquistas, a los actores y bailarines que trabajaron con él en sus obras, o a sus jóvenes admiradores. Así como era Cole Porter, carismático y de una alegría pegajosa, así eran sus canciones; por eso fueron cantadas por Frank Sinatra, Ella Fitzgerald, Fred Astaire, Lena Horne y Louis Armstrong, entre miles de intérpretes. Cada uno de sus musicales era un canto a la felicidad y a la liberación, por eso en uno de sus tantos éxitos exclamaba: *Anything Goes!* (Todo se vale).

Desafortunadamente, en 1937 sufrió un accidente mientras montaba a caballo: se fracturó ambas piernas y, luego de casi cuarenta operaciones, le fue amputada una. Pero a pesar de todos los dolores que le trajo este accidente, sus canciones seguían siendo tan alegres como siempre, y también llenas de gusto por el amor. Dejó de salir, pero organizaba reuniones en su casa. Tal vez cuando realmente se sintió solo fue cuando murió Linda, la compañera de toda su vida. Porter sabía mostrar tanta alegría que, cuando murió, sus amigos ignoraban la tristeza que lo acompañó en sus últimos años. Por último, permítanme citar las palabras de Gelman sobre este gran compositor: «La riqueza de vocabulario, los juegos de palabras y la maestría de las letras de Cole Porter tienen resplandores».

Héroe musical

CHARLES TRENET

LA PRIMERA VEZ que escuché la palabra joto fue en boca de una de las hermanas de mi madre. Guillermina estaba desoladísima porque mi abuelo le había dicho que su cantante predilecto era un *¡joto!,* y que no quería volver a escucharlo en casa. Mi tía, típica solterona de los años cincuenta, tenía dos pasiones, hojear la revista *Social* y escuchar a Charles Trenet. Cuando le pregunté qué quería decir joto, me dijo: «Pues como Chucho Reyes y Luis Barragán». «¿Cómo son ellos?», volví a inquirir como lo haría cualquier niña de 8 años. «Ay, ya no me preguntes, me pones nerviosa. Los jotos son hombres enfermos que no les gustan las mujeres».

Sin duda, Charles Trenet (1913-2001) fue el símbolo de la canción francesa y el más popular de sus intérpretes. Escribió alrededor de mil canciones (de las cuales doña Lola conocía de memoria el noventa por ciento), pero tal vez la más popular sea la que dedicó al mar, de la que existen cientos de versiones en decenas de idiomas. Una canción que se mece como las olas: «El mar de reflejos cambiantes bajo la lluvia».

Era la alegría y la nostalgia, el mejor recuerdo de los días amargos, pues nada se cantaba tanto como sus canciones en los días de la Segunda Guerra Mundial. ¿Y cómo olvidar que en 1938, cuando Hitler era ya más que una presencia inquietante, Trenet daba algo de tranquilidad al cantar «Boum» en la película *La Route Enchantée?* Vivió muchos años y para los franceses siempre fue una especie de símbolo. Cuando cumplió 86 años, grabó un disco y se presentó en teatro. El público no dejó de aplaudirle, por lo que hizo varios conciertos más, cada uno de ellos tan exitoso como el anterior.

Charles vino a México en varias ocasiones para actuar en el centro social El Patio. En una de sus presentaciones, mientras cantaba «La Mer», alguien del público le hizo un mal chiste sobre su homosexualidad. Lo más incomprensible fue que las demás personas festejaron el comentario. A mediados de los años cincuenta, México era aún más homofóbico y machista que ahora, por lo que Trenet no quiso concluir sus presentaciones. Por si eso fuera poco, sufrió otra desilusión, pues en el Hotel Hilton, el administrador no quiso darle una habitación con cama matrimonial porque venía con su pareja. Trenet se fue pensando que entre México y Francia había un océano de distancia.

Hay que decir que Charles nació prácticamente frente al mar, en Narbonne, al sur de Francia, y tal vez el mar fue su primera inspiración, pues cuando tenía 7 años y enfermó de tifoidea, comenzó a imaginar canciones relacionadas con el paisaje. Ahí empezó a enamorarse de su dulce Francia, a la que tantas canciones dedicaría. Por esa época, sus padres se divorciaron, pues su madre se enamoró de otro hombre y se fue con él. Charles y su hermano fueron enviados a un internado, y quizá entonces aprendió que se podía dejar todo por una pasión. Cuando pasaba los días con su madre, a quien adoraba, se ponía a cantar y a escribir poemas. Todo lo contrario ocurría con su padre, quien no se resignaba a tener un hijo con ese talento, pero sobre todo con una sensibilidad que no podía comprender. No dejaba pasar la oportunidad de insultarlo o de pegarle. No aguantaba que le dijera que su sueño era convertirse en músico.

Cuando Charles tenía 17 años, conoció a un joven pianista suizo, Johnny Hess. Eran tan similares que se entendieron de inmediato y comenzaron a actuar juntos. Para entonces, ya estaban en París, así que pasaba todo su tiempo en Montparnasse, en donde conoció a personajes como Satie, Gide, Max Jacob y Arthur Rubinstein. Entonces, este *fou chantant,* como le decían, era conocido porque sus composiciones eran la síntesis del jazz con la música francesa. Todavía no cumplía 25 años y ya había inventado una manera de ser de la canción francesa. Muchísimos intérpretes comenzaron a grabar sus canciones.

Pero por ser tan admirado, un símbolo de su país, los colaboracionistas empezaron a difundir el rumor de que Charles era, en realidad, hijo de un rabino. Así que su madre tuvo que publicar su árbol genealógico, ya que los rumores habían logrado que varios empresarios le negaran contratos. De entonces es su canción «Douce France», de los días en que su amado país estaba en manos de los alemanes, de ahí que se convirtiera en un segundo himno. Así que Charles era lo más parecido a un héroe.

Aunque después de la guerra se fue a vivir a Estados Unidos, nunca olvidó Francia, a la que regresó en 1951. Desde entonces, estuvo cerca de su público y representó a su país en todo el mundo. Fueron años de mucho trabajo, hasta que murió su madre, quien era su compañía, su enfermera y, sobre todo, su admiradora. Cuando ella murió, en 1979, Charles decidió ocultar su dolor, el cual le duraría para siempre, y pensó en dejar de cantar. Pero regresó en 1981. ¿Quién le iba a decir que todavía viviría 20 años más y que seguiría siendo tan querido? El 19 de febrero es el aniversario de su muerte, y seguramente muchos de sus admiradores lo recuerdan con las palabras del poeta Paul Verlaine, a las que Charles Trenet les pusiera una bella melodía: «Los largos sollozos de los violines… Me acuerdo de los días antiguos y lloro».

Cada vez que la escucho, me acuerdo de mi tía Guillermina y me acuerdo de los días antiguos y lloro…

Fama solitaria

LEONARD BERNSTEIN

IGNORO SI ESTE PERSONAJE sea el mejor director de orquesta del siglo XX, pero sé que se trata del más popular y, tal vez, el más polémico. Leonard Bernstein (1918-1990) se hizo célebre por no respetar los límites convencionales de la música clásica; le gustaba lo mismo Beethoven que la música popular. Una de sus obras más famosas es la música que hizo para la película *West Side Story* (1961). Realizó un espectacular mambo que se ha vuelto repertorio de las orquestas sinfónicas. Además, acostumbraba dirigir conciertos para jóvenes en la televisión estadounidense en los años sesenta. Por esa causa se sentía orgulloso de ser considerado el músico que más había contribuido a difundir la música de concierto entre la gente común.

Lenny, como era llamado, tenía un carácter tan irresistible que todas las personas que lo conocían quedaban encantadas. Todo mundo se fascinaba con su conversación, sus conocimientos musicales y su alegre forma de ser. Y a él le encantaba que la gente lo quisiera. Nació en Massachusetts, en una familia judía proveniente de Ucrania. Su abuela insistió para que fuera bautizado como Luis, pero su familia siempre lo llamó Leonard. Sin duda, este nombre le gustó más: a los 16 años lo cambió oficialmente.

Desde siempre sintió un enorme amor por la música, pero su padre no estaba de acuerdo con que se dedicara al piano. Lo más que toleró fue llevarlo a conciertos de música clásica. Pero el día en que Lenny escuchó una interpretación de piano, quedó fascinado. No había día en que no le rogara a su padre que le pagara clases de piano. Un padre conservador como Sam Bernstein se negaba a pensar que su hijo fuera músico, así que Lenny decidió dar clases con lo que iba aprendiendo en la academia de piano. De este modo, con lo que cobraba pagaba las lecciones que recibía en la Academia Garrison.

A Lenny no le gustaba que dijeran que era un director de orquesta. «Lo soy parcialmente. También soy parcialmente compositor. Y también pianista a ratos. Lo que sí puedo decir es que soy músico de tiempo completo». Como compositor tenía tres sinfonías, obras corales, cantatas, canciones, ballets y tres musicales; además, logró un Oscar por la música de *Nido de ratas*, de Elia Kazan. Helena Matheopoulos, en su libro *Los grandes directores de orquesta*, dice que Bernstein, con toda su fama internacional, nunca dejó de sentir la música de Estados Unidos. Así como Gershwin, él también «sentía» a ese país. Pero también hay que decir que en su música siempre se oyen sus raíces judías.

Con toda razón, Lenny ganó la única calificación de sobresaliente que otorgó en toda su vida Fritz Reiner, el director de la Orquesta Sinfónica de Chicago. Apenas tenía 26 años cuando fue llamado a dirigir la Orquesta Filarmónica de Nueva York. Pronto recibió invitaciones para dirigir las principales orquestas de Europa. Lo que no se imaginaba era que sería quizás el único músico que lograría traspasar el muro que ocultaba a los países comunistas.

En 1959 logró llevar a la Filarmónica de Nueva York a Moscú. Ahí Lenny estrenó su Segunda Sinfonía, inspirada en la obra de W. H. Auden, *La edad de la ansiedad*.

Lenny se casó en 1951, a los 33 años, con la chilena Felicia Cohn Montealegre. Juntos pasaron muchos años, aunque tal vez no era la felicidad lo que los rodeaba. Puede decirse que esos años fueron para Felicia «la edad de la ansiedad». Dicen que ella dejó pasar muchas infidelidades de su esposo. Tal vez pensaba que con los tres hijos que tuvieron, Lenny podría ser retenido.

Cuando aparecían en televisión, daban la imagen de elegancia, educación y refinamiento. En esos tiempos, lo que más importaba era mantener las apariencias, y Felicia y Lenny supieron aparentar ser felices. Además, Lenny tenía fama de fiel. Se contaba que durante una temporada en que trabajó con María Callas, la diva quiso seducirlo. Era tanta la confianza que la Callas tenía en sus «poderes» de seducción, que intentaba seducir homosexuales, aunque casi todos la rechazaban. Lenny se mostró ofendido y paró en seco a la diva.

Así pasaban los años de este matrimonio. Lo que no se imaginaba Felicia era que un día encontraría a su esposo en su cama con Tom Cothran, a quien Lenny había conocido en 1973. Entonces decidieron separarse, pero Lenny regresó con Felicia cuando a ella le diagnosticaron cáncer de pulmón. Una vez que Felicia murió, Lenny se fue a vivir con Tom, pero la felicidad no duró mucho tiempo: pocos años después, su joven pareja murió de sida. Durante sus últimos años, Lenny vivió solo, rodeado de su fama y su popularidad, compañeros que afligían continuamente a este genial músico.

Sueño de Liberace

LIBERACE

LIBERACE Y SUS DIAMANTES FALSOS. Liberace y sus grandes pianos rosas, decorados con cisnes y paisajes rococó. Liberace y sus exageradísimos abrigos de pieles. Cuántos espíritus cautivó con su joyería de fantasía y sus interpretaciones llenas de cursilería. Tuvo una sonrisa encantadora que llenaba los aparatos de televisión y, si parecía un auténtico imán, se debió a su personalidad fuera de serie. Era tan evidentemente gay, que muchos hoy se preguntan cómo es que nadie se daba cuenta en los Estados Unidos de los años cincuenta, porque no cabe duda de que fue un pianista que tuvo muchas enamoradas que veían su programa. O quizás era algo que se decía en voz muy baja, porque el primer diario que tuvo la audacia de sugerir su homosexualidad, el *Daily Mirror,* en 1956, perdió una demanda millonaria. En su columna, el periodista William Connor, quien firmaba como «Casandra», escribió unas palabras terribles contra Liberace:

Es la culminación del sexo, el pináculo de lo masculino, lo femenino y lo neutro, todo cuanto él, ella y ello nunca podrían desear. No hay duda que es el vómito sentimental más grande de todos los tiempos. Lloriqueando sobre su madre, le guiña el ojo a su hermano y pasa las cuentas de la taquilla segundo tras segundo: esa soberbia calculadora de algodón de azúcar tiene una respuesta para toda situación.

Qué curioso que Liberace se ofendiera con esta nota, cuando sus joyas y sus trajes eran más elocuentes que cualquier desplegado. Hay que decir que aguantaba con mayor sentido del humor las críticas a la cursilería de sus interpretaciones, o al dudoso gusto que lo rodeaba. En una ocasión, le respondió a un crítico:

—¡No sabe cuánto daño me hace con sus críticas! Me iré llorando todo el camino de aquí al banco.

Se decía que Liberace era como un Wilde, con la diferencia de que él sí ganaba todos los juicios; a excepción de uno, cuando un chofer que había sido su pareja le pidió miles de dólares por concepto de alimentación. Ahí se supo que Liberace era un amante posesivo, pero sobre todo muy apasionado.

Pero hay muchas cosas que la gente ignora de Liberace. Casi nadie sabía que su verdadero nombre era Wladziu Valentino Liberace y que era el niño genio de su natal Wisconsin. Desde siempre, sus padres deseaban que su encantador hijo fuera un genio musical, pues su madre tocaba el piano y su padre, el corno. Con qué alegría se percataron de que Wladziu era capaz de aprender piezas muy complejas. Uno de los recuerdos de infancia que más atesoraba Liberace, era que en una ocasión a los 8 años, conoció a uno de los genios musicales de Europa, Ignaz Paderewski. Cuando lo vio tocar se llenó de tal alegría, que desde entonces decidió entregarse con pasión al piano.

A los 16 años, ya tocaba conciertos para piano como los de Franz Liszt. Era entonces un joven muy delgado y muy discreto. Pero un día se le ocurrió reírse a la mitad de una de sus interpretaciones y guiñar los ojos al público. Todos se reían y aplaudían felices, y Liberace se dio cuenta de que su simpatía le abriría las puertas. Primero intentó con el cine y filmó algunos cortos en los que se le veía tocar el piano frente a dos jóvenes muy bonitas, mientras interpretaba música de rag o composiciones de Gershwin. Cuando le preguntaron a Liberace si había contribuido a la industria del cine, dijo:

—Sí, hice algo muy positivo: dejé de hacer películas.

A partir de entonces, encontró el medio a la medida de su talento: la televisión. Desde ahí contaba chistes, bailaba, entrevistaba personalidades, pero, sobre todo, tocaba con un talento incomparable. Como dice Paul Russell en su libro *100 gays*, inventó sus versiones Reader's Digest de música clásica: «El Vals del minuto de Chopin en medio minuto; el Primer concierto para piano de Chaikovsky en cuatro. Según explicaba, era especialista en cortar las partes más aburridas». Su forma de vestir hizo época; primero, Elvis Presley le copió su ropa de lamé dorado y, luego, Elton John se inspiró casi completamente en él.

Pero, como continúa Russell, Liberace fue mucho más allá: «Con el paso de los años, su vestuario incluyó chaquetas ribeteadas con trencilla de oro de 24 kilates, una capa de lamé plateado color ciruela con una cola de plumas rosadas de 2.5 metros de largo, una capa de zorro azul de Noruega valuada en 300 mil dólares, con 5 metros de cola y hasta un traje de tambor mayor con lentejuelas, con sus correspondientes pantaloncitos».

No cabe duda de que Liberace era un sueño, pero el típico sueño que sigue a una indigestión. Su programa de televisión comenzaba con el pianista despertando junto a un piano de cola, para de inmediato bajar a la piscina, en donde tocaba sobre los mosaicos en forma de teclas de piano y, finalmente, se sentaba a desayunar un pastel de chocolate en forma de piano, sobre cuyas teclas tocaba un concierto de Chaikovsky. Pero el sueño de Liberace terminó en 1987, cuando murió a causa de complicaciones del sida. Si todas estas pieles, joyas y pianos aún no los empalagan, no hay visita mejor que su museo, en Las Vegas; ahí puede apreciarse el gusto de Liberace en todo su esplendor.

LAS PUERTAS
ABIERTAS

Boda sin hombre

MARCELA Y MARIO

QUIERO HABLAR DE UNA de las historias de amor más conmovedoras que no se conformó con su tiempo, ni su circunstancia y, por esa causa, rompió todos los prejuicios que lo rodeaban. Me refiero al amor de Marcela y Mario, quienes contrajeron matrimonio el 8 de junio de 1901. ¿Pero qué tiene de excepcional este matrimonio celebrado en una parroquia de La Coruña, al noroeste de España?: que se trata de un matrimonio entre dos mujeres, ya que Mario no era más que una joven llamada Elisa, quien se disfrazó para poder casarse.

Cuando se conocieron Marcela Gracia Ibeas y Elisa Sánchez Loriga, eran estudiantes de la Escuela Normal de La Coruña. Desde el día en que se conocieron, ambas se enamoraron perdidamente. Con todos los prejuicios de su época, ¿habrán comprendido la naturaleza de su pasión? Sin duda, tuvieron una madurez y una valentía que ninguna pareja gay de entonces pudo asumir. Eran tan amigas, se entendían tan bien y paseaban juntas tomadas de la mano, de modo que sus respectivas familias olieron el peligro.

Sus padres les prohibieron verse, intentaron separarlas por todos los medios, pero todo fue inútil. De nada sirvieron los regaños del padre de Elisa, y mucho menos hicieron efecto las lágrimas de la madre de Marcela, quien le dijo a un periodista: «Yo, que dominaba a mi esposo y que podría dominar a un regimiento con caballos y todo, no pude hacer nada bueno de ella». Los padres de Marcela decidieron enviarla a Madrid. Sin embargo, ella no pudo olvidar a Elisa, no existía nadie en España que pudiera entenderla, que pudiera sentir como ella; era la única persona con la que podría hacer frente a su familia para defender su amor.

Elisa, por su parte, concluyó la carrera de maestra, y cuando fue enviada a un pueblo llamado Couso, se reencontró con Marcela. Entonces decidieron inventar una historia para legitimar su relación. Juntas idearon la historia que les serviría para engañar a todo el pueblo: fingirían una terrible pelea, tras la cual Elisa abandonaría el pueblo. Una vez que pusieron en marcha su plan y Elisa se fue de Couso, Marcela anunció a su familia que se casaría con «Mario», el primo de su ex amiga, quien era su vivo retrato. «No sabes, papá, Mario es idéntico a Elisa. Tienen el mismo rostro, los mismos ojos y hasta la misma estatura».

Elisa se había ido del pueblo no porque odiara a Marcela, sino que se había escapado para fabricar una nueva identidad. Se cortó el pelo y comenzó a usar ropa de hombre. Por semanas ensayó la voz y los movimientos para convencer a la gente. Finalmente, cuando regresó, lo hizo para pretender a Marcela y casarse con ella. Cuando la familia de Marcela le preguntaba su origen, Mario les contaba que venía de Londres, que era protestante, pero que por el amor de Marcela se convertiría al catolicismo para que nada impidiera su matrimonio. Finalmente, se casaron en 1901. Estaban tan contentas que, saliendo de la iglesia, se dirigieron a la Fotografía de París, de José Sellier, que se encontraba en San Andrés 9, en La Coruña.

En la imagen, Elisa se ve muy varonil, con una mirada muy limpia y confiada, en tanto que Marcela la toma del brazo con una expresión que apenas puede contener su alegría. Cuando iban en su carruaje dispuestas a pasar su luna de miel, las personas de los pueblos por donde pasaban comenzaron a sospechar. En varios lugares, les decían:

—¿No es usted la profesora Elisa vestida de hombre?

Marcela contestaba:

—No, Elisa está en Cuba, él es su primo, quien se parece muchísimo a ella.

Nadie les creía, así que los vecinos se persignaban mientras las dos maestras se alejaban en su carruaje. Finalmente, en el pueblo de Dumbría, a donde llegaron poco después, los vecinos rodearon su casa y comenzaron a gritar: «¡Que salga el marimacho!».

A los pocos días, los diarios de toda España estaban interesados en la historia de aquel «matrimonio sin hombre». Dicen que el diario *El Nuevo Mundo* vendió en un solo día 19 mil ejemplares; todo mundo quería saber la historia. ¿Quién les iba a decir que serían víctimas de la furia de la gente? ¿Cómo iban a imaginarse que un juez las condenaría a prisión? Luego de un proceso que llamó la atención de España, la gente pidió clemencia para ellas, por lo que sólo estuvieron presas 13 días.

Muchos años después, mientras se encontraba haciendo una investigación en los diarios de La Coruña, el historiador Narciso de Gabriel encontró un titular que decía: «Un matrimonio sin hombre». Se sorprendió tanto que comenzó a investigar, hasta que consiguió los archivos judiciales, los testimonios de su época y hasta la foto de este matrimonio tan singular. Toda la historia de estas mujeres está relatada en el libro *Elisa y Marcela, más allá de los hombres* (Libros del silencio, 2010). Gracias a esta investigación podemos seguir paso a paso este amor apasionado y valiente.

Por último, les diré que ambas esposas se fueron juntas a Buenos Aires. En el prólogo al libro, Manuel Rivas escribió: «Elisa y Marcela intentan huir de la maldita celebridad. Elisa y Marcela no querían ser heroínas». No, lo que ellas querían era vivir en paz, amarse a escondidas de todos. Si hoy sabemos muchos aspectos de su vida fue por esa celebridad que les dio el escándalo. Después de su huida a Argentina, en 1902, no se sabe nada más de ellas. No sabemos si pudieron vivir juntas, o si algo las separó. Hoy, Elisa y Marcela son dos heroínas, mujeres que hicieron todo para estar juntas. Nunca se imaginaron cuánta emoción nos daría conocer su historia.

En el clóset, de Guadalupe Loaeza
se terminó de imprimir y encuadernar en marzo de 2011
en Quad/Graphics Querétaro, S. A. de C. V.,
Fracc. Agro Industrial La Cruz
El Marqués, Querétaro
México

Yeana González, coordinación editorial; Alejandro Albarrán, edición;
Carlos Betancourt, cuidado de la edición; Antonio Colin, maquetación